STRATÉGIES DE

TRADING 2024

Le guide complet pour maximiser vos

profits et atteindre le succès avec les

meilleures stratégies de trading,

l'analyse technique et des outils

avancés.

Table des matières

Introduction

À son niveau le plus fondamental, chacune des règles de trading, directives, maximes des traders et idées est un composant à la fois de la psychologie du trader et de la psychologie du marché. Les marchés offrent l'apparence d'un potentiel illimité et d'une liberté totale pour le poursuivre, mais les "règles" et les contraintes de comportement semblent être en contradiction avec ce concept. Ce n'est qu'après avoir été sérieusement désavantagés par les marchés pendant une période prolongée que nous commençons enfin à voir la lumière. L'expression "couper vos pertes" n'est pas une loi ; c'est plutôt un point de vue qui pourrait vous aider à vous protéger contre d'autres dommages. Les directives pour faire des affaires sont assez similaires à la lettre qui a été prise. En tant que traders, nous acceptons souvent les nombreuses règles qui nous ont été enseignées, mais la psychologie qui sous-tend ces règles est si naturellement acceptée que nous la négligeons souvent. Les fondements psychologiques qui permettent réellement à de telles règles de fonctionner efficacement sont souvent dissimulés en plein jour. En tant que traders, nous pouvons tous convenir que suivre les règles à la lettre nous aidera à obtenir un succès commercial plus constant, et nous savons tous par expérience que violer les règles nous a fait perdre de l'argent sur le marché. Personne ne veut admettre qu'il a enfreint les règles, et certains d'entre nous ne veulent même pas reconnaître qu'ils ont besoin de réglementations. Alors, pourquoi ne suivons-nous pas les directives? L'objectif de ce livre est de vous équiper, en tant que trader individuel, d'une meilleure connaissance de la manière de faire fonctionner vos règles de trading en fournissant un aperçu de la psychologie plus approfondie qui se cache derrière la majorité des règles de trading généralement reconnues. Les règles ne sont pas vraiment des règles, mais plutôt des recommandations qui ont été regroupées en quatre composantes distinctes ; la psychologie sous-jacente et fondamentale de chaque partie individuelle est examinée lorsque chaque règle est présentée dans son contexte approprié. La plupart des traders sont conscients du fait qu'il existe essentiellement un nombre infini de façons d'interpréter le mouvement des prix, de choisir des points d'exécution ou de formuler une hypothèse sur les conditions générales du marché ou les actions de prix futures possibles. Ce guide n'a pas pour but de vous fournir une autre méthode de trading ; le ciel sait qu'il en existe déjà beaucoup. Au contraire, l'objectif de ce guide est de vous enseigner deux choses qui pourraient contribuer à améliorer votre approche du trading : la façon dont vous pensez et la façon dont le marché pense. Quand on prend le temps de réfléchir au fait que la grande majorité des traders enregistrent des pertes nettes malgré le fait que nous soyons tous familiers avec les règlements, quelle pourrait être la caractéristique distinctive qui différencie les traders réussis de ceux qui échouent ? À mon avis, il n'y a pas de réponse simple et univoque à cette question, autre que la possibilité qu'un trader suive religieusement les règles qu'il a établies pour lui-même, tandis que l'autre trader ne le fait pas, ou pire encore, n'a pas de directives. Parce qu'il existe un nombre infini de façons de participer, je pense que la chose la plus importante à faire est de découvrir une méthode pour appliquer individuellement les règles d'une manière qui vous soit propre et qui fonctionnera pour vous, et de le faire tout le temps. C'est la chose la plus importante. Il est facile de dire "coupez vos pertes", mais chaque trader a sa propre manière unique de déterminer ce que cela signifie dans ses propres circonstances. L'objectif de ce livre est de vous aider à mieux définir votre propre stratégie de trading en vous guidant à travers le processus d'interprétation et d'application des règles d'une manière adaptée à votre style de trading particulier. Les règles elles-mêmes ne sont pas le problème ; la vraie difficulté réside dans la recherche d'une façon de faire en sorte que les règles répondent à vos besoins.

Chapitre Un

Commencer Comprendre la psychologie qui sous-tend les règles, identifier les situations dans lesquelles elles fonctionnent le plus efficacement, et déterminer si cela correspond à notre propre style de trading sont tous des aspects importants pour faire fonctionner les règles correctement. La règle a des fondements psychologiques en partie parce que le marché lui-même a des fondements psychologiques. Sans une connaissance solide de cette psychologie sous-jacente du marché, je ne pense pas que nous pourrons faire fonctionner nos règles aussi efficacement qu'elles le pourraient éventuellement.Comprendre notre propre psychologie individuelle est nécessaire pour la réalisation de cette évaluation. Vous finirez par apprendre que votre propre psychologie personnelle est de loin le facteur le plus important pour votre succès à long terme en tant que trader, peu importe où vous vous situez personnellement sur l'échelle de l'évolution du trader ou l'application de vos compétences en développement. Cela est vrai quel que soit votre niveau actuel. En réalité, le seul trader qui pourra faire fonctionner efficacement ses règles de trading est celui qui reconnaît ce point de vue concernant sa propre psyché. Cela est dû au fait que les règles de trading sont auto-créées, auto-imposées et auto-destructrices. Même si vous avez une stratégie méthodique gagnante et des règles strictes à suivre, vos résultats seront presque certainement une perte nette si vous n'avez pas une compréhension profonde de la psychologie du marché ainsi que de votre propre psychologie personnelle.

Avant de vous mettre en danger en vous engageant dans des transactions risquées, il y a un fait incontestable sur la structure fondamentale des marchés financiers que vous devez comprendre dans son intégralité. Cela est vrai quel que soit le niveau d'expertise en trading que vous possédez actuellement ou l'expérience de trading que vous avez eue dans le passé. Les marchés que la majorité des lecteurs vont trader, y compris les contrats à terme, les options sur contrats à terme et le marché des changes au comptant (FOREX), sont tous des exemples de marchés à somme nulle. L'action des prix et la gestion de l'argent se produisent dans un contexte où aucun argent n'est jamais gagné ou perdu ; au lieu de cela, tous les profits ou pertes sont enregistrés comme un débit ou un crédit en espèces entre les comptes en dépôt jusqu'à ce que les transactions aient été traitées. En d'autres termes, le crédit monétaire pour une transaction réussie provient de la transaction exactement opposée qui était une transaction perdante. L'organisme de compensation de la bourse placera simplement un crédit en espèces sur le compte du participant qui a remporté la transaction et placera un débit en espèces sur le compte du participant qui a perdu la transaction.

En fin de compte, ce sont les personnes qui ne gagnent pas qui finissent par payer la note pour celles qui gagnent. Il n'est pas possible pour vous d'accumuler un crédit en espèces dans votre compte de trading à moins qu'un autre trader (ou groupe de traders) quelque part, traitant via la même bourse que vous sur le même marché, ait perdu la même somme que vous. Pour que vous fassiez un profit de 10 000 $ dans votre transaction, il fallait qu'une autre personne ou un groupe de personnes subisse une perte de 10 000 $. Vous ne pouvez pas participer au trading sans un gain net à moins d'être prêt à assumer ce risque.

Parce que le trading repose sur des transactions sans gagnant ni perdant, suivre et exécuter des règles de trading est très nécessaire pour atteindre un succès à long terme. Si vous ne savez pas assez sur ce que vous faites ou sur le risque que vous prenez vraiment, vous finirez par être celui qui perd et qui doit payer au trader gagnant. Il n'y a pas d'autre moyen pour que le marché fonctionne.

Examinons les processus mentaux qui alimentent l'activité des prix, n'est-ce pas ? À mon avis, il y a beaucoup plus à cela qu'à la vérité évidente qu'il y a toujours une transaction infructueuse pour chaque transaction réussie. Le trading basé sur le concept de somme nulle offre des perspectives nouvelles et intrigantes sur le comportement des foules et sur ce qui est vraiment nécessaire pour exploiter de manière rentable le mouvement des prix. Commençons par les fondamentaux, voulez-vous ? Vous décidez de prendre une position sur le maïs en passant un ordre d'achat à 2,33 $ par boisseau. Votre ordre d'achat doit être assorti d'un ordre de vente au même prix pour que vous puissiez l'obtenir. Supposons qu'il y ait également un ordre de vente en place pour ouvrir une position à des fins d'exemple. Ainsi, deux traders différents se sont exposés à une perte potentielle, et par conséquent, il y a maintenant une position longue active ainsi qu'une position courte active. Quelles sont les étapes prises après cela ? Un autre lot d'ordres est reçu, et ces ordres sont assortis ; cependant, s'il y a un déséquilibre dans le flux d'ordres à cet instant précis, le marché est requoté pour refléter le déséquilibre dans le flux d'ordres. En d'autres termes, s'il reste plus d'ordres d'achat après que les ordres de vente soient assortis, le marché augmente et est assorti avec des ordres de vente à des prix plus élevés, s'il y a des ordres de vente à des prix plus élevés disponibles. Ensuite, les ordres d'achat persistants sont assortis au prix nouvellement établi plus élevé. Une autre augmentation sera réalisée s'il reste des ordres d'achat de la période précédente. Il est indéniable que la nature intellectuelle de cet art. La plupart des traders savent que les ordres stop, les ordres à cours limité et les ordres au marché proviennent des deux côtés de la transaction. Cependant, la combinaison de ces trois types d'ordres change constamment car de nouveaux ordres sont toujours placés. Ce qui nous préoccupe principalement, c'est la pression exercée sur le prix au fur et à mesure que le flux d'ordres net est traité d'un instant à l'autre. Si le déséquilibre des ordres continue d'être du côté des achats, le marché continuera d'augmenter jusqu'à ce que le déséquilibre soit résolu et que les ordres d'achat et de vente soient à nouveau à peu près équilibrés les uns par rapport aux autres. À ce moment-là, le marché commencera à baisser et continuera à le faire jusqu'à ce que les ordres d'achat et de vente soient à nouveau à peu près équilibrés par rapport aux ordres de vente. Si à ce moment-là, les ordres de vente surpassent les ordres d'achat, le marché continuera de baisser. Ces déséquilibres d'ordres sont à l'origine du flux et reflux du mouvement des prix, et ce que nous appelons une tendance à la hausse ou à la baisse est, en réalité, un déséquilibre net qui persiste pendant un certain laps de temps.

Disons qu'après un certain temps, un nouveau prix a été établi pour le maïs à ce moment-là en raison du déséquilibre net des ordres qui s'est produit pendant cette période : Votre position longue sur le marché ouvert a généré un profit de 0,05 $ par boisseau à ce moment-là. L'autre trader qui spéculait a une perte en cours précisément du même montant de 0,05 $ par boisseau en raison de votre ordre exécuté, qui était une position courte. Si, à ce même moment, vous et lui décidez de clôturer vos positions respectives et que vos ordres s'annulent mutuellement à ce moment-là, le montant exactement identique en dollars sera crédité sur votre compte et débité de son compte (moins les frais, bien sûr).

C'est tout à fait simple, mais en coulisse, il y a tout un univers qui travaille dans ce processus. Cet autre monde comprend les psychés des traders qui sont engagés et la manière dont cette psyché les pousse à agir, ce qui les amène finalement à passer des ordres en premier lieu.

Ce qui n'est pas immédiatement visible dans l'action des prix, c'est la perception, qui se réfère à la manière dont ce crédit net ou ce débit influence le détenteur du compte, ce que ce détenteur de compte pense, et ce que ce détenteur de compte doit faire ensuite. Personne ne peut rester investi indéfiniment sur le marché, il est donc inévitable qu'à un moment donné, les deux traders devront vendre leurs positions. Lorsque la position perdante est finalement liquidée, le trader qui perd doit effectuer une transaction contre lui-même qui est identique en taille mais opposée en direction. En d'autres termes, si j'ai acheté le marché et que les prix baissent, je n'ai pas d'autre choix que de vendre pour liquider ma perte. Cela contribue à renforcer la force dominante qui contrôle le marché à ce moment-là. Ma condition mentale et émotionnelle actuelle est en conflit direct avec mon objectif de réaliser un profit, et ma seule véritable alternative est de vendre mes avoirs à ce moment-là ou de risquer de subir une perte bien plus importante. Quand je "patientais", j'essayais de prédire que le marché finirait par s'inverser, ce qui se traduirait par un profit pour moi sur la transaction (rendant ainsi perdant l'original qui avait initialement le profit de la transaction en cours).

Cependant, toutes ces pensées et ces sentiments se produisent entièrement dans ma tête et n'ont rien à voir avec les facteurs qui font bouger le marché. Il est nécessaire qu'il y ait un plus grand nombre d'ordres placés d'un côté du marché pour que les prix se déplacent dans une direction ou l'autre. Seulement s'il y a plus d'ordres d'achat que d'ordres de vente à ce moment précis, les prix peuvent monter.

Seulement s'il y a plus d'ordres de vente que d'ordres d'achat à ce moment précis, les prix peuvent baisser. Le fonctionnement du marché qui traite les ordres nets n'est pas affecté par la manière dont mon solde de compte ou mon état mental sont modifiés à la suite du flux d'ordres. Vous devez simplement être du bon côté du flux d'ordres nets à partir de ce moment-là jusqu'à ce que vous liquidiiez pour avoir une chance de réaliser un profit à partir de toute opportunité perçue sur un marché qui fonctionne sur le principe des transactions à somme nulle. Si vous vous trouvez de l'autre côté du flux d'ordres nets de celui qui se produit, vous aurez une perte de transaction en cours jusqu'à ce que vous liquidiiez. Rien de ce qui se passe dans la tête du trader pendant cette période ne peut influencer de quelque manière que ce soit le marché ; au mieux, cela peut influencer le solde net qui est contrôlé d'une manière ou d'une autre par le trader. Pour cette raison, vous devez établir certaines règles fondamentales et vous former sur la manière de les suivre. Il vous est impossible de le dire avec certitude tant que beaucoup plus tard, après avoir déjà ouvert votre position, si vous êtes du bon côté du flux d'ordres nets.

Il est essentiel de se rappeler que la plupart des traders sont soumis à une pression émotionnelle qui influencera la façon dont ils interprètent le mouvement des prix. C'est le facteur le plus crucial à garder à l'esprit. Ils avaient tous commencé leurs transactions avec l'idée qu'ils allaient réussir, mais dans la grande majorité des cas, ils seraient obligés de envisager de sortir avec une perte. En matière de trading, chaque tension psychologique et émotionnelle peut être réduite à une seule question : "Quand dois-je sortir ?" Le niveau de stress de la personne en position gagnante est plus bas que celui de la personne en position perdante car le gagnant a une avance sur le marché. Lorsque l'agonie de tenir une main perdante devient trop grande pour le trader perdant, il liquidera souvent dans la même direction que la position gagnante afin de minimiser le montant d'argent perdu. Une illustration simple de ceci serait un marché qui monte progressivement à mesure que le nombre d'ordres d'achat dépasse le nombre d'ordres de vente. Cela continue jusqu'à ce que le marché atteigne les ordres stop d'achat liquidés qui ont été placés au-dessus du marché par des vendeurs en position perdante. En raison de la pression d'achat continue, le marché a progressé davantage.

L'histoire de l'action des prix, comme mentionné ci-dessus, n'a rien à voir avec la recherche de marché, la gestion des risques, les méthodes de trading ou l'analyse technique. Elle n'a rien à voir non plus avec l'action des prix. Elle est simplement liée au fait que si vous allez participer sur le marché, vous courez le danger de vous retrouver de l'autre côté du flux d'ordres. C'est la seule raison pour laquelle c'est pertinent. Quel impact cela a-t-il sur les sentiments du trader ? Que va-t-il faire ? Que ferez-vous ? Parce que vous ne pouvez pas réaliser des profits constants dans un marché à somme nulle à moins d'être du bon côté du flux d'ordres, votre analyse complète et votre plan de trading doivent prendre en compte une façon d'identifier où se trouve le flux d'ordres et que faire si vous vous trouvez du mauvais côté. Si vous êtes du mauvais côté du flux d'ordres, vous ne pouvez pas réaliser des profits constants dans un marché à somme nulle. La clé pour réduire avec succès vos pertes est de concevoir une stratégie qui vous permette de dissiper tout trouble émotionnel provoqué par un trade perdant de manière à ce que vous ne soyez pas réticent à vous écarter du véritable flux d'ordres si vous vous trouvez du côté perdant. Vous devez toujours être en mesure de répondre à la question : "Où est le flux d'ordres ?" dans le cadre de votre approche de trading. Cela est vrai quel que soit la méthode particulière que vous utilisez pour repérer des opportunités de trading.

La plupart des recherches menées sur la performance des traders nets aboutissent à la conclusion inévitable qu'environ quatre-vingt-dix pour cent des traders fermeront leurs comptes avec une perte nette. Ces traders n'avaient aucune attente de perdre de l'argent, mais ils ont quand même perdu. Lorsque le marché s'est retourné contre eux et a exercé une pression sur leur exécution, cela les a conduits à éprouver une tension mentale et émotionnelle, ce qui a contribué à leurs pertes dans une certaine mesure. Chaque trader a ressenti la douleur de finalement renoncer et liquider sa position, seulement pour voir le marché se retourner peu de temps après et les prix monter positivement, s'il avait seulement continué dans le trade. C'est une situation où il aurait bénéficié de rester dans la transaction. La seule chose qui s'est finalement produite était que le flux d'ordres a cessé de se déplacer dans une direction puis a commencé à se déplacer dans l'autre direction. Ce trader spécifique a fini par subir une perte globale, qui s'est manifestée dans son compte. Ce trader spécifique sera maintenant tenté de "simplement patienter" sur la transaction suivante jusqu'à ce que les prix récupèrent finalement à leurs niveaux précédents. Il semble raisonnable de penser que le compte sera complètement épuisé la seule fois où cela ne se produira pas. Il suffit qu'une personne dise "patientez simplement" pour qu'un trader spécifique fasse faillite. Vous devez comprendre sur quoi vous capitalisez réellement lorsque vous identifiez une opportunité de trading afin d'éviter de devenir ce trader et de maîtriser l'art de la spéculation efficace. Vous devez être prêt à accepter et à trader du point de vue de "Où est le flux d'ordres ?" et vous devez avoir un mécanisme pour vous écarter lorsque vous n'êtes pas du bon côté du flux d'ordres. Toute analyse ou recherche que vous ferez doit, à un moment donné, apporter des réponses à ces deux questions principales. Vous pouvez faire l'hypothèse que la majorité des autres traders ne connaissent pas le jeu auquel ils jouent pour les surpasser. La majorité de l'activité des prix, entre 80 et 90 pour cent, correspond simplement aux perdants qui essaient de sortir de leurs paris perdants.

Chapitre Deux

Un Plan de Trading Une stratégie de trading et un système de trading sont deux choses très différentes. L'objectif principal d'un système de trading est d'identifier des déséquilibres sur le marché et de fournir aux acheteurs et vendeurs des points d'entrée plus favorables qu'à d'autres moments. Une stratégie de trading prend en considération les événements qui se déroulent dans le futur. Une fois que nous avons identifié quelque chose que nous croyons être une opportunité, la manière dont nous procédons par la suite déterminera ultimement notre succès. Si elle est vue comme une composante tout aussi vitale d'une présence puissante sur le marché, une stratégie de trading sera en bien meilleure position pour gérer et soutenir une approche systématisée.Votre stratégie de trading devrait se concentrer sur les aspects du trading sur lesquels vous avez la plus grande influence directe. Par exemple, quand et où vous effectuez votre étude de marché ou analyse ; quand et où vous placez ou déplacez un ordre stop-loss ;

quand vous prenez une pause de trading ; et fondamentalement tout ce qui implique que vous agissiez ou n'agissiez pas, indépendamment du marché réel lui-même, est détaillé dans un plan de trading.L'unique objectif d'un système de trading est de profiter des déséquilibres perçus sur le marché ; cependant, il est impossible pour un tel système d'être correct à cent pour cent ou de cibler précisément chaque "sommet" ou "creux" potentiel dans la plage de temps que vous considérez. Si un système pouvait le faire, il n'y aurait alors aucun besoin de débattre davantage des règles. Après avoir mis en œuvre le plan et vous être exposé à un risque potentiel, vous serez entré dans le domaine des possibilités et des contraintes imposées par votre système. L'action des prix n'est pas quelque chose qui peut être contrôlé par une personne ; la seule chose qu'un individu peut contrôler est comment il utilise l'action des prix ou comment il s'engage dans l'action des prix. Le résultat est prédéterminé après la transaction, pour ainsi dire. À ce moment-là, vous n'avez aucune influence sur le fait que vous gagnerez ou perdrez le jeu.

Un plan de trading est nécessaire parce que votre système ne peut pas trouver chaque opportunité de profit possible en temps réel. Cela signifie que vous, en tant que trader, en avez besoin pour vous empêcher d'agir de manière imprudente ou de vous engager dans des transactions avec une probabilité de succès moindre. De plus, un plan de trading devrait détailler ce que vous devriez faire si quelque chose d'inattendu se produit. Une stratégie de trading devrait couvrir à la fois vos forces et vos faiblesses personnelles en matière de trading ; néanmoins, elle ne réduit en rien la nécessité d'une approche systématisée, ni n'est conçue pour la remplacer. Au contraire, un plan de trading devrait aborder vos forces et faiblesses de trading uniques.

Parce qu'il est l'expression de la somme totale de ce que vos règles sont censées accomplir, votre plan de trading peut être suivi à cent pour cent du temps. Il contrôle votre comportement, qui est le produit de votre discipline et du désir de suivre ces règles. Il est possible que votre système de trading ne soit jamais plus précis qu'à environ 55% du temps pour prédire des trades gagnants ; mais, vous pouvez garantir que vous suivrez toujours les directives de votre stratégie de trading. Dans le cas où votre méthode de trading génère des résultats incorrects, votre stratégie de trading vous aidera à réduire le montant d'argent que vous perdez. Lorsque votre système de trading fonctionne correctement, votre stratégie de trading vous aidera à réaliser le plus de profits possibles.

Une stratégie de trading réussie devrait être succincte tout en restant adaptable. Elle réagit aux changements dans les circonstances du marché en temps opportun et donne la priorité à la sécurité des participants du marché. On peut considérer un système de trading comme stratégique, tandis qu'une stratégie de trading serait plus de nature tactique. Dans le contexte d'une analogie militaire, "gagner la guerre" est l'objectif, "identifier la vulnérabilité de l'ennemi" fait partie de la stratégie, et "exploiter cette faiblesse" est la responsabilité de la tactique.

Considérez votre système ou approche de trading comme un effort méthodique pour repérer et capitaliser régulièrement sur les inefficacités du marché. C'est une entreprise stratégique. Peu importe ce que c'est vraiment ; tout ce qui importe, c'est qu'il soit constant. Votre stratégie de trading ressemble davantage à une réaction tactique "si-alors" aux circonstances au fur et à mesure qu'elles changent en temps réel et que vous en apprenez davantage sur le potentiel d'une transaction spécifique à mesure qu'elle se développe. Si les conditions changent, vous en apprendrez plus sur le potentiel d'une transaction particulière. Votre système de trading est destiné à vous aider à localiser l'avantage, tandis que votre stratégie de trading est destinée à vous aider soit à maintenir votre avantage, soit à reconnaître quand vous ne le possédez pas à un moment donné. Votre stratégie de trading est l'endroit où vos règles sont appliquées pour vous assurer de tirer le meilleur parti de votre avantage gagnant lorsque vous l'avez et de réduire au maximum vos pertes lorsque vous ne l'avez pas. Le fait que gagner une bataille nécessite à la fois une stratégie et des tactiques est quelque chose qui ne peut jamais être remis en cause. Il y a des moments où les tactiques sont ce qui sauve la stratégie, et il y a d'autres moments où le plan nécessite relativement peu de tactiques. Comprendre la nature de cet équilibre est particulièrement crucial car, comme nous le verrons dans la section suivante, toute étude des marchés aura à la fois un avantage stratégique et une contrainte stratégique. Votre plan de trading vous donne l'avantage opérationnel de savoir quelle stratégie fonctionnera le mieux, dans quelles conditions, ainsi que quel sera probablement votre meilleur mouvement initial pour continuer à pousser votre avantage vers des positions de plus en plus rentables. Cela vous donne un avantage tactique sur d'autres traders. L'objectif principal est bien sûr de minimiser les pertes monétaires tout en maximisant la génération de revenus. Comment développer une stratégie de trading financier. Lors du développement d'une stratégie de trading réussie, chaque trader doit se souvenir de différencier entre plusieurs catégories importantes. Bien que nous abordions plus en détail certaines des caractéristiques les plus significatives tout au long de chaque règle du livre, il existe quelques-unes fondamentales sur lesquelles vous devriez vous concentrer pour commencer à développer votre propre stratégie de trading personnelle. En partant du principe que vous ne pourrez pas participer du tout si vous épuisez trop de votre capital de trading, votre première priorité devrait être de déterminer comment réduire la durée pendant laquelle vous tradez lorsque vous êtes en perte. Ceci n'est pas la même chose que d'abandonner et d'accepter la défaite. Vous devriez toujours essayer de limiter vos pertes en tant que partie de votre méthode de trading, et lorsque vous avez accumulé un nombre important de pertes personnelles, il est temps de faire une pause et d'examiner quelques aspects clés de vos pratiques de trading. Pour commencer, vous devez évaluer si vous suivez correctement la procédure ou l'approche. Une réévaluation périodique de la question de savoir si vous trichez le système de quelque manière que ce soit devrait être incluse comme composante de votre stratégie de trading. Est-ce que vous réalisez des transactions que le système ne ferait normalement pas ? Avez-vous des hésitations à propos de chaque signal ? Est-il possible que certaines de ces transactions vous aient obligé à attendre, vous rendant ainsi "en retard" ?

A reliable trading strategy serves as a roadmap that may assist you in retaining your concentration. A string of losses that is outside of the limitations of the trading systems' possibilities is the first and greatest sign that you are not keeping your best trading concentration. While you reach this stage, as the trader, you are responsible for determining what your rules are when you are going through an abnormal downturn. Taking a step back and viewing the market to see whether it is acting in a way that is no longer compatible with the trading system or technique hypothesis is one of the best things to do. This may be done by observing the market after taking a step back. Suppose you are using a strategy that involves tracking trends, but the market is no longer moving in the direction of the trend. During times of market consolidation, a trend-following system will be shattered into a million fragments. How do you intend to adjust your strategy in response to the current situation? The only person who can provide a comprehensive response to that question is you, but the overarching concept of your trading plan should take into account a "what if" scenario for the remote possibility that the standard of the market has shifted sufficiently to reduce the likelihood of your system being successful. Your strategy for trading will likely include some kind of approach for stepping apart.There are moments in the life of every trader when participating is the absolute worst thing that trader could possibly do at that time. Your trading strategy should account for the chance that other aspects of your life, such as problems or stress, might impede your ability to make profitable trades. What are some things you may take to safeguard yourself when you feel as if your mental or emotional sharpness could be deteriorating? When you allow yourself to get distracted, you put yourself in danger of failing to notice a vital piece of information regarding the structure of the market at precisely the wrong time, which might result in a financial loss. Your trading strategy has to take into account not just the money risks you are incurring, but also your psychological and emotional requirements. Regardless of how well you are doing in the markets, it is probably a good idea to schedule frequent trading breaks at regular intervals from time to time. If you are getting married or sending one of your children off to college for the first time, your trading plan should address those needs in such a way that will prevent you from becoming careless. For example, if you are planning a major life event such as getting married or sending one of your children off to college for the first time. If a trader continued to engage in the activity after feeling stressed or under pressure, the majority of the time their trade selection and execution suffered as a result. This is something that happens to all traders at some point in their careers.

Everyone is familiar with the tales of individuals who struck it rich by winning a significant sum of money in a lottery sponsored by a state. Suddenly, and without any prior notice, a lucky person comes into possession of several million dollars in cash. As a result of the fact that they were wholly unprepared for the occurrence of such an event, a good many of these individuals have made significant financial errors with those dollars, and in the end, they are in a worse financial position than they were before they had won that money. Your strategy for trading should also cover how you might engage most effectively if you find yourself in a position of strength at some time. A significant amount of financial success may easily have a negative influence on a trader in the same way that substantial financial losses might.

It would be prudent to adopt some strategy of minimizing your engagement in order to secure your continuing success. This should be done until you have cognitively and emotionally digested the success you have already had. It is easy to fall into the trap of believing that whatever led to your success and the magnitude of that accomplishment can be replicated with little effort and that this will always be the case with your trade. This is a common occurrence for novice traders with minimal expertise who, unknown to them, were just fortunate in their dealings.

They accidentally earn a lot of money, which leads them to mistake their success for genuine trading ability, or even worse, to believe that they have discovered the ideal trading technique. This trader will "give it all back plus more" if the person making the transaction does not exercise caution because of their lack of competence. This trader will not be sensitive to the likelihood that the quality of the market has changed, and his "system" is no longer successful. Furthermore, he will not know when it is possible for his "system" to become effective once again. In your trading strategy, you should include a section that discusses what to do when you are enough ahead of the game to potentially cause a problem for yourself. To put it another way, what should you do if you find that your financial situation has "grown larger than your head"?

If you are thinking along these lines, you are starting to come to the realization that all of the principles that we describe in this article, when taken as a whole, are the source of where your trading strategy first originates. In the end, your trading strategy is a reflection of your desire to utilize the rules appropriately whenever you need limitations on your conduct, and this willingness is a direct result of your willingness to do so. Writing an efficient trade plan requires that you be ready to consider your side of the ledger to be just as significant as your trading system. Although your rules may change and your trading plan can continue to develop over time, this willingness to do so is essential.

Because we live in a society in which some things often seem to be everyday and "normal," we have evolved a larger sense of confidence in relation to our day-to-day lives as a direct result of this. The idea that the environment we live in on a daily basis is entirely natural and unchangeable provides us with a feeling of security and confidence. Others of us have become so acclimated to this sensation that we have developed a routine that really bores us, while some of us go out of our way to do something, anything, to break away from the hold that the ordinary has on our lives.

Une stratégie de trading fiable sert de feuille de route qui peut vous aider à maintenir votre concentration. Une série de pertes qui dépasse les limites des possibilités des systèmes de trading est le premier et le plus grand signe que vous ne maintenez pas votre meilleure concentration en trading. Lorsque vous atteignez ce stade, en tant que trader, vous êtes responsable de déterminer quelles sont vos règles lorsque vous traversez une période de baisse anormale. Prendre du recul et observer le marché pour voir s'il se comporte d'une manière qui n'est plus compatible avec l'hypothèse de votre système ou technique de trading est l'une des meilleures choses à faire. Cela peut être fait en observant le marché après avoir pris du recul. Supposons que vous utilisiez une stratégie qui implique le suivi des tendances, mais que le marché ne se déplace plus dans la direction de la tendance. Pendant les périodes de consolidation du marché, un système de suivi des tendances se brisera en mille morceaux. Comment avez-vous l'intention d'ajuster votre stratégie en réponse à la situation actuelle ? La seule personne qui peut fournir une réponse complète à cette question, c'est vous, mais le concept global de votre plan de trading devrait prendre en compte un scénario "et si" pour la possibilité éloignée que la norme du marché ait suffisamment changé pour réduire la probabilité de réussite de votre système. Votre stratégie de trading inclura probablement une sorte d'approche pour prendre du recul.

Il y a des moments dans la vie de chaque trader où participer est la pire chose possible à faire à ce moment-là. Votre stratégie de trading devrait prendre en compte la possibilité que d'autres aspects de votre vie, tels que des problèmes ou du stress, puissent entraver votre capacité à réaliser des transactions rentables. Quelles sont les mesures que vous pouvez prendre pour vous protéger lorsque vous avez l'impression que votre acuité mentale ou émotionnelle pourrait se détériorer ? En vous laissant distraire, vous vous exposez au risque de ne pas remarquer une information vitale concernant la structure du marché au moment précis, ce qui pourrait entraîner une perte financière. Votre stratégie de trading doit prendre en compte non seulement les risques financiers que vous encourez, mais aussi vos besoins psychologiques et émotionnels. Peu importe à quel point vous réussissez sur les marchés, il est probablement une bonne idée de planifier des pauses fréquentes dans le trading à intervalles réguliers de temps en temps. Si vous vous mariez ou envoyez l'un de vos enfants à l'université pour la première fois, votre plan de trading devrait répondre à ces besoins de manière à vous empêcher de devenir négligent. Par exemple, si vous prévoyez un événement majeur de la vie, tel que se marier ou envoyer l'un de vos enfants à l'université pour la première fois. Si un trader continue à s'engager dans l'activité après avoir ressenti du stress ou de la pression, la plupart du temps, sa sélection et son exécution de transactions en pâtissent. C'est quelque chose qui arrive à tous les traders à un moment donné de leur carrière.

Tout le monde est familier avec les récits de personnes qui ont fait fortune en remportant une somme importante à la loterie organisée par un État. Soudainement, et sans aucun préavis, une personne chanceuse entre en possession de plusieurs millions de dollars en espèces. En raison du fait qu'ils n'étaient pas du tout préparés à la survenue d'un tel événement, bon nombre de ces personnes ont commis d'importantes erreurs financières avec ces dollars, et finalement, elles se retrouvent dans une situation financière pire qu'avant d'avoir gagné cet argent. Votre stratégie de trading devrait également couvrir la manière dont vous pourriez vous engager le plus efficacement si vous vous trouvez dans une position de force à un moment donné. Une grande réussite financière peut facilement avoir une influence négative sur un trader de la même manière que des pertes financières substantielles pourraient.

Il serait prudent d'adopter une stratégie de minimisation de votre engagement afin de garantir votre succès continu. Cela devrait être fait jusqu'à ce que vous ayez cognitivement et émotionnellement assimilé le succès que vous avez déjà eu. Il est facile de tomber dans le piège de croire que tout ce qui a conduit à votre succès et à l'ampleur de cette réalisation peut être reproduit avec peu d'effort et que cela sera toujours le cas avec vos transactions. C'est un phénomène courant pour les traders novices avec peu d'expérience qui, sans le savoir, ont simplement eu de la chance dans leurs transactions. Ils gagnent accidentellement beaucoup d'argent, ce qui les amène à confondre leur succès avec une véritable compétence en trading, ou pire encore, à croire qu'ils ont découvert la technique de trading idéale. Ce trader "rendra tout plus encore" si la personne effectuant la transaction ne fait pas preuve de prudence en raison de son manque de compétence. Ce trader ne sera pas sensible à la possibilité que la qualité du marché ait changé, et son "système" n'est plus efficace. De plus, il ne saura pas quand son "système" peut redevenir efficace. Dans votre stratégie de trading, vous devriez inclure une section qui discute de ce qu'il faut faire lorsque vous êtes suffisamment en avance pour potentiellement vous causer des problèmes. Autrement dit, que devriez-vous faire si vous constatez que votre situation financière a "dépassé votre tête" ?

Si vous pensez de cette façon, vous commencez à réaliser que l'ensemble des principes que nous décrivons dans cet article sont à la source de l'origine de votre stratégie de trading. En fin de compte, votre stratégie de trading est le reflet de votre volonté d'utiliser les règles de manière appropriée chaque fois que vous avez besoin de limiter votre comportement, et cette volonté est le résultat direct de votre disposition à le faire. Rédiger un plan de trading efficace nécessite que vous soyez prêt à considérer votre côté du bilan comme étant tout aussi important que votre système de trading. Bien que vos règles puissent changer et que votre plan de trading puisse continuer à évoluer au fil du temps, cette volonté de le faire est essentielle.

Parce que nous vivons dans une société où certaines choses semblent souvent être quotidiennes et "normales", nous avons développé un plus grand sentiment de confiance par rapport à notre vie quotidienne en résultat direct de cela. L'idée que l'environnement dans lequel nous vivons au quotidien est entièrement naturel et immuable nous donne un sentiment de sécurité et de confiance. Certains d'entre nous se sont tellement habitués à cette sensation qu'ils ont développé une routine qui les ennuie vraiment, tandis que d'autres font tout leur possible pour faire quelque chose, n'importe quoi, pour se libérer de l'emprise que la routine a sur leur vie.

Quand quelque chose d'inattendu se produit, nous avons souvent l'impression que les probabilités ont été modifiées d'une manière ou d'une autre; cependant, cette perception est généralement considérée comme étant transitoire. Par conséquent, le fait que tout ce qui s'est produit aurait pu se produire à n'importe quel moment et que nous sommes ainsi en danger à tout moment et chaque jour n'est pas toujours évident pour nous. Souvent, la nature vraiment aléatoire des choses n'est pas régulièrement assez évidente pour nous permettre de voir que tout ce qui s'est passé aurait pu se produire à n'importe quel moment. Par exemple, le danger quotidien de conduire semble être plutôt minime, car la plupart des gens ne seront impliqués dans un accident de voiture qu'une seule fois, voire jamais, de leur vie entière. Dans le cas où nous sommes impliqués dans un accident de voiture, nous le considérerons comme un événement "aléatoire" qui nous est simplement arrivé "par accident". C'est ainsi que nous nous sentons malgré le fait que nous allons généralement dans notre journée sans incidents majeurs. Nous avons maintenant l'impression qu'il est plus probable qu'un autre jour se passe sans que l'incident imprévisible ne nous arrive directement. S'il se produit, nous pensons que c'est un événement aléatoire. La réalité du problème est que la plupart des individus provoquent l'"accident" dans lequel ils se trouvent parce qu'ils ne voient pas le lien entre leurs actes et les conséquences de ces actions. Par exemple, la grande majorité des personnes qui conduisent après avoir consommé de l'alcool ont l'impression que le problème n'était pas totalement de leur faute, bien que ce soit leur jugement altéré qui a augmenté la probabilité que l'incident apparemment aléatoire leur arrive. Comme ils conduisent sobrement et sans incident 95 pour cent du temps, ils ne comprennent pas que le précédent taux de réussite de 95 pour cent est désormais nul et invalide pendant les 5 pour cent du temps où ils ne sont pas sobres. Cela est dû au fait qu'ils conduisent sobrement 95 pour cent du temps. Les règles du jeu ont été modifiées. Ils se trouvent maintenant dans un tout nouvel environnement qui n'a aucune connexion avec le niveau d'assurance précédent qu'ils avaient. Cet environnement leur est totalement étranger. Notre incompréhension réside non pas tant dans la façon dont nous percevons la réalité, mais plutôt dans la manière dont nous comprenons la dynamique de la manière dont la probabilité influence notre vie quotidienne. Il y a très peu de choses dans la vie qui peuvent être connues avec une certitude absolue, et le fait que certaines choses n'arrivent qu'à chacun de nous individuellement peut-être une fois dans notre vie ne change pas la possibilité qu'elles se produiront tous les jours pour quelqu'un d'autre. En fait, tout le domaine de la science actuarielle repose sur l'idée que le meilleur moyen d'atténuer les effets négatifs d'un événement futur est de disperser les dangers associés à travers le plus grand nombre d'individus possible. Les compagnies d'assurance génèrent des revenus en répartissant le risque de cette manière, et elles se portent financièrement mieux lorsqu'elles vendent des assurances à des personnes pour lesquelles le danger est très peu probable de se matérialiser. Par exemple, la raison pour laquelle les plongeurs passionnés paient des primes d'assurance-vie considérablement plus élevées est que chaque année un certain nombre de plongeurs périront noyés. Cela entraîne un risque plus élevé pour l'assureur. Votre risque de mourir dans une catastrophe de noyade est réduit si vous ne faites pas de plongée sous-marine, et par conséquent, vos primes d'assurance seront moins élevées. Mais la réalité du problème est que quelqu'un se noiera cette année, et il est très probable que plusieurs de ces personnes seront des plongeurs. Si vous demandez aux plongeurs ce qu'ils pensent de ce risque, chacun d'entre eux répondra sans aucun doute la même chose : "Pas moi... Je ne fais rien de stupide quand je plonge". Ces plongeurs ont l'état d'esprit selon lequel "la noyade ne m'arrivera pas" en raison de leur expérience approfondie. Lorsque nous commençons à trader, notre perspective sur les questions liées aux certitudes et aux probabilités subit une transformation complète. En quittant la sécurité et la prévisibilité d'un monde où les choses fonctionnent généralement d'une certaine manière, nous atteignons un monde où tout ce qui est vraiment aléatoire et imprévisible peut se produire à tout moment. Les événements sont aléatoires et imprévisibles non pas parce que le marché est indéfinissable ou parce que l'action des prix est d'une manière ou d'une autre si mystérieuse qu'elle défie toute explication, mais plutôt parce que nous, en tant que traders individuels, ne pouvons pas connaître tout ce qu'il y a à savoir sur le marché à tout moment ; en conséquence, nous avons un pourcentage de risque qui est certain. Aucune recherche ou compréhension supplémentaire n'est nécessaire pour réduire ce risque. Comprendre la probabilité est la clé pour atténuer ce risque. Tous les efforts pour tirer profit d'une transaction ne sont en réalité que des suppositions éclairées sur la manière dont les prix se comporteront à l'avenir. Peu importe que votre stratégie soit technique ou fondamentale, ou quelle que soit l'approche que vous choisissez finalement comme celle qui offre le meilleur équilibre entre le risque et le rendement pour vos circonstances spécifiques. Il est difficile de prédire précisément comment se déroulera chaque transaction via le mouvement des prix jusqu'à ce qu'elle atteigne ce point, car la nature même des marchés de trading comporte des risques et de l'incertitude. À un certain moment, les marchés ne sont plus définissables, et peu importe à quel point l'analyse ou la recherche préalable à la transaction peut être approfondie ou complète, il y a toujours la possibilité que les prix ne réagissent pas dans la direction anticipée ou ne réagissent pas dans un délai dans lequel vous êtes prêt à trader. C'est le cas même s'il y a une forte probabilité que les prix réagissent dans la direction souhaitée. Wall Street et LaSalle Street regorgent de traders qui ont commis des erreurs dans leurs stratégies de trading, comme avoir raison trop tôt, attendre trop longtemps, sortir trop tôt, entrer trop tard, etc. Tous ces types de résultats, que cela signifie réaliser un petit profit, ne réaliser aucun profit, subir une petite perte ou subir une grosse perte, sont simplement causés par le fait que la technique systématisée sur laquelle on comptait avait atteint sa limite spécifique, ou que le trader n'avait pas compris cette limite. Ce n'étaient que des "meilleurs paris", ce qui implique qu'il n'y a aucune garantie qu'ils fonctionneront dans toutes les situations dès le départ. Avant d'initier une transaction, vous devez prendre en compte un certain nombre de facteurs afin de restreindre vos choix disponibles à ceux ayant le plus grand potentiel de succès. Tout d'abord, il viendra un moment où les prix seront plus favorables pour une entrée et réagiront par une avance dans la direction des conditions si vous avez fait une évaluation appropriée des conditions générales conformément à votre plan de trade. Ce point viendra à un moment où les prix seront plus favorables pour une entrée. Votre meilleur choix est d'attendre ce moment-là et de mettre immédiatement votre plan en action ; mais où exactement se situe ce point ? Lorsque nous lançons une transaction, nous

49

n'avons pas l'avantage de savoir si le point où nous avons exécuté la transaction était la meilleure zone de prix ; nous le découvrons plus tard. Créez une série de situations "si–alors" et demandez-vous laquelle est la plus susceptible de se produire afin d'augmenter vos chances d'entrer dans la compétition au moment optimal. Prenez le scénario suivant comme illustration d'une condition de marché potentiellement haussière : Pour commencer, nous pouvons envisager l'hypothèse suivante : "Les hausses de prix sont justifiées si les circonstances du marché sont positives et que la population des traders réagit favorablement à ces conditions." Je suis conscient que cela semble extrêmement simple ; cependant, avant de passer à autre chose, examinons les différents aspects psychologiques d'une telle déclaration simple et comment ils pourraient se manifester dans l'action des prix au jour le jour du marché. Si les prix sont actuellement en baisse, cela indique que soit la majorité des traders ne croient pas encore que les conditions sont haussières, les vendeurs à découvert sont toujours en contrôle du marché, ou une combinaison de joueurs de marché à court et à long terme cherchant une opportunité est telle que jusqu'à présent le flux net des ordres reste des offres. Si les prix sont encore en baisse, cela signifie que soit la majorité des traders ne croient pas encore que les conditions sont haussières, soit les vendeurs à découvert sont toujours en contrôle du marché. Nous pouvons supposer que la majorité des traders sont soit encore à découvert sur le marché en baisse, en attente de faire une opération du côté court, ou exécutant régulièrement des deux côtés avec des résultats variés sur leurs comptes, car la majorité des traders ne verront pas un changement de conditions assez à l'avance pour acheter dans un marché en baisse, ni ne maintiendront une position pendant le temps nécessaire pour réaliser le plus grand gain d'un changement de tendance. Cela est dû au fait que la majorité des traders ne verront pas un changement de conditions assez à l'avance pour cela. Cependant, de votre point de vue, investir dans un marché en baisse représente un certain degré de danger ; voilà pourquoi la maxime honorée depuis longtemps, "Ne choisissez pas les sommets ou les creux".

Si vous souhaitez effectuer une transaction avec le moins de risque possible, le sommet ou le creux du marché est l'endroit optimal pour le faire ; cependant, trouver ce point est là où la question de la probabilité entre en jeu. Si vous étiez conscient que le marché avait atteint son point le plus bas et que vous étiez prêt à prendre le risque que les circonstances commencent à devenir haussières, vous voudriez exécuter votre transaction au prix que vous avez déterminé à ce moment-là. Il est un fait incontestable qu'à un moment donné dans un avenir proche, le marché atteindra son creux ; la question est de savoir si le marché représente maintenant un creux ou le creux ? Peu importe combien d'études ou d'analyses vous faites, il n'y a aucun moyen de le dire avec certitude jusqu'à un certain point dans le futur.

Imaginons que les prix suivent un schéma général de déplacement de manière latérale. Cela indique que la pression exercée par les acheteurs et les vendeurs est presque équivalente. Cela est le cas car un marché ne peut pas se déplacer de manière constante vers le haut ou vers le bas tant qu'il n'y a pas plus d'ordres placés nettement d'un côté ou de l'autre. À ce stade, ceux qui cherchent à gagner de l'argent en vendant la sécurité et ceux qui souhaitent acheter ont deux perspectives très différentes. Parce qu'il n'y a plus de mouvement de prix net favorable pour des profits supplémentaires, le risque du vendeur à découvert rentable augmente, et il doit soit clôturer sa position, soit attendre que la tendance redémarre avant de pouvoir réduire son risque. S'il y a un éventuel changement de direction, l'acheteur potentiel a une probabilité plus élevée de tirer profit de sa position longue si le prix continue de baisser. Plus une baisse des prix sur le marché est prolongée, plus il est probable que le vrai creux a finalement été atteint.

Peu importe quand l'une ou l'autre

partie prend la décision d'agir, le seul résultat qui peut se produire dans les deux scénarios est une décision de passer un ordre d'achat. Une information importante peut être tirée de la manière dont ces ordres d'achat sont absorbés par la liquidation précoce des positions longues avec un ordre de vente. Si la majorité des ordres d'achat représentent la liquidation de positions courtes tardives ou anciennes, alors l'intérêt ouvert diminuera. Les commerçants qui prennent une position vendeuse ont des doutes sur leur position.

Si vous envisagiez le développement d'un scénario haussier potentiel et que vous saviez que la plupart des traders étaient baissiers ou que les prix étaient encore en baisse, à un moment donné, vous saviez que cela changerait tôt ou tard car il n'est pas raisonnable de s'attendre à ce que les prix du maïs chutent à zéro ; quelque part entre zéro et où ils sont maintenant, il y aura un prix plancher. Si vous envisagiez le développement d'un scénario haussier potentiel et que vous saviez que la plupart des traders étaient baissiers ou que les prix étaient encore en baisse, vous saviez que tôt ou tard. Lorsque personne ne veut plus vendre le marché, il est plus probable qu'un creux se forme ; il est trop dangereux pour les vendeurs à découvert parier sur une nouvelle baisse des prix à ce stade. Les potentiels haussiers observent comment leur risque diminue à mesure que le marché continue de baisser, et à un moment donné, ils regarderont le marché et s'exclameront simplement, "Wow ! Achetez maintenant pendant que ce marché est en solde ! Si ce scénario se réalise au point où les ordres d'achat (à la fois les nouveaux acheteurs entrant et les anciens vendeurs sortant) rivalisent avec les ordres de vente (les vendeurs à découvert tardifs entrant et les acheteurs à découvert tôt sortant), et qu'une baisse de l'intérêt ouvert en résulte, alors la probabilité qu'un creux se forme augmente. Cela est dû au fait que le seul groupe de transactions qui serait le plus exposé à une hausse des prix serait les vendeurs à découvert en position ouverte. Étant donné que le vendeur à découvert tardif est déjà terminé, ses points sont négligés.

Si ces deux points de vue opposés fonctionnent vraiment de quelque manière, il y a une possibilité qu'un creux se développe dans cette fourchette de prix. Le ratio V/OI n'est qu'une pièce du puzzle. Si vous êtes un trader qui pense en termes de probabilités, la seule question que vous devriez vous poser est ce qui est le plus susceptible de se produire à mesure que le temps passe. Le marché était certain de toucher le fond tôt ou tard, quoi qu'il arrive. Si vous voulez être du bon côté du mouvement lorsque la tendance change, vous devez vous demander quand et où il est le plus probable que cela se produise. Ce n'est pas à un prix particulier ; c'est plutôt une question de la psychologie qui est derrière le prix. Si vous voulez être du bon côté du mouvement, vous devez vous demander quand et où il est le plus probable que cela se produise.

La même base psychologique est au cœur de chaque type de sélection de transactions dans lequel vous vous engagez. Vous cherchez ce qui est le scénario le plus probable, étant donné ce que vous savez sur les forces haussières et baissières qui sont actuellement exercées sur le marché et comment vous les percevez. Lorsque vous faites une étude d'une transaction, que votre horizon temporel soit plus court ou plus long, il y aura toujours un scénario plus probable qui doit être pris en compte. Parce qu'une stratégie de trading flexible prend en compte la probabilité que quelque chose change, cet aspect de votre activité doit être pris en considération dans le cadre de votre plan global. En tant que trader, votre objectif est de choisir la voie avec le moins d'obstacles, et cela dépend de la probabilité et non de l'analyse.

Quand j'essaie de déterminer le véritable potentiel d'une transaction, j'ai découvert que plaider le cas des deux côtés est la voie la plus fructueuse à suivre pour moi. Je pose des questions avec des réponses ouvertes, telles que "Qui gagne ?" Qui est du mauvais côté ? Qu'est-ce qui pourrait éventuellement amener l'une ou l'autre partie à abandonner ? Qu'est-ce qui incitera ceux qui sont haussiers ou baissiers à vendre leurs positions ? Quels facteurs les convaincront de tout donner à cette entreprise ? La question cruciale est donc laquelle de ces deux options est la plus probable ?

Vous, en tant que trader, avez plus d'options disponibles pour vous dans le processus de sélection des transactions si vous posez une variété de questions, dont le but n'est pas d'arriver à une décision définitive et absolue, mais plutôt de découvrir la meilleure probabilité du marché à venir. Vous réaliserez que certaines transactions sont meilleures pour vous personnellement que d'autres à mesure que vous passez par ce processus de sélection de transactions, ce qui vous aidera à le définir plus précisément avec le temps. Penser en termes de probabilités vous permet d'améliorer la probabilité de laisser les gains augmenter tout en étant engagé dans des transactions à forte probabilité tout en diminuant simultanément la probabilité de subir une perte en évitant des paris à faible probabilité. Vous ne pouvez pas le savoir avec certitude à l'avance, mais vous pouvez évaluer la possibilité de plusieurs résultats et choisir celui qui est le plus probable compte tenu des informations dont vous disposez. Ensuite, vous vous installez dans votre posture et attendez.

Chapitre Trois

Échelle de temps Aucune discussion sur le trading ne serait complète sans un dialogue sur le sujet de l'échelle de temps de trading. Il existe une relation entre vous en tant que trader, votre stratégie de trading, votre technique de trading et la durée nécessaire à tous ces facteurs pour confirmer ou infirmer qu'une opportunité de profit existe. Toutes les approches ne fonctionneront pas sous toutes les échelles de temps, et si vous ne connaissez pas très bien votre propre processus de prise de décision, vous pourriez être tenté de travailler avec un système qui n'est pas adapté à votre échelle de temps naturelle.

Chacun a une échelle de temps naturelle dans laquelle il performe le mieux. Par "échelle de temps naturelle", je veux dire la durée nécessaire pour que vous preniez personnellement une décision, puis agissiez en conséquence. Vous ne pouvez pas participer aux marchés sans parvenir à un certain jugement selon lequel les prix sont trop élevés ou trop bas par rapport à un autre prix que le marché atteindra finalement, à condition que votre hypothèse soit correcte. Après avoir pris cette décision, vous agissez en conséquence. En fonction de votre tempérament personnel, de votre tolérance au risque, de votre succès ou de votre échec antérieur, de votre éducation, etc., la durée dont vous avez besoin personnellement peut varier, et c'est ce qui donne naissance à la multiplicité des différentes tactiques de trading.

Ce qui n'est pas immédiatement évident pour la plupart des traders, c'est que ce qui semble agréable ou logique au départ lorsqu'on essaie de développer une présence sur le marché peut ne pas être cohérent avec leur échelle de temps naturelle. Si ce genre de conflit se développe, alors il sera difficile d'obéir aux règles du système, tout comme essayer d'établir une stratégie de trading, car ces choses ne sont pas en harmonie avec la personnalité unique du trader particulier.

La première étape pour choisir une technique qui vous sera bénéfique et apprendre à appliquer au mieux les règles est de choisir une échelle de temps de trading compatible avec votre caractère. Si vous êtes quelqu'un qui aime réfléchir à de nombreux aspects différents et y réfléchir avant de prendre une décision, une période de trading plus longue peut mieux fonctionner, peut-être des semaines ou des mois. Si vous êtes quelqu'un qui peut prendre des décisions rapides et réfléchir rapidement, alors une période de temps plus courte vous conviendrait. La plupart des traders passent par de nombreuses techniques et systèmes différents, non pas parce qu'ils n'ont pas trouvé le bon système, mais parce qu'ils n'ont pas trouvé le système approprié pour eux. Dans de nombreux cas, c'est la question de la période de temps appropriée qui est une préoccupation cruciale.

La plupart des traders commencent leur carrière en tradant sur des échelles de temps plus courtes pour progressivement passer à des échelles de temps plus longues. Cela est en partie attribuable à un manque d'expérience générale et en partie à la peur. Une période de temps plus courte est attrayante car elle réduit la quantité de stress initial qu'un nouveau trader ressent pendant qu'il apprend à maintenir ou créer une présence sur le marché. Cela est dû au fait que les gains ou les pertes peuvent survenir rapidement et semblent parfois être aléatoires pour les traders inexpérimentés. Certains traders en viennent à la conclusion que le trading est un événement entièrement aléatoire, et en conséquence, ils ressentent le besoin de trader sur une échelle de temps plus compacte, comme des minutes. D'autres estiment que les marchés seront, à un moment donné, contraints de représenter les fondamentaux réels de l'offre et de la demande, et rejettent donc les fluctuations quotidiennes ou intrajournalières comme un bruit aléatoire sans signification. Au lieu de cela, ils se concentrent sur le maintien d'un côté du marché pendant de longues périodes.

Pourquoi est-il nécessaire qu'un cadre temporel de négociation et un cadre temporel naturel soient congruents l'un avec l'autre ? La raison en est que c'est ainsi que le marché lui-même est structuré, pour le dire plus simplement. Chaque trader opère dans son propre environnement unique, composé de ses propres préjugés personnels, hypothèses, attentes et émotions. Lorsque ces traders se placent sur le marché, aucun d'entre eux ne le fait dans l'intention de perdre de l'argent. Au contraire, chacun d'entre eux (y compris vous) entre sur le marché avec l'attente que sa transaction générera des profits "maintenant".

Il faut un certain laps de temps pour que cette transaction spécifique génère soit des gains, soit des pertes. Cependant, chaque trader peut consacrer à ce trade une quantité prédéterminée de temps. Le cadre temporel réel dans lequel un trader individuel opère est la période qui s'écoule entre l'exécution d'une transaction pour entrer sur le marché et l'exécution d'une transaction pour quitter le marché. Cependant, ce cadre temporel n'est pas toujours celui que le trader avait prévu pour lui-même. En raison du fait que la majorité des

64

traders subissent des pertes, la plupart d'entre eux ressentent un attachement à leurs trades et sont déçus lorsque l'un d'entre eux se solde par une perte.

Un trader à long terme réussi, maintenant une position pendant de nombreuses semaines, sert d'exemple concret de cette possibilité. Par exemple, s'il prévoit une augmentation des prix et est prêt à attendre plusieurs mois pour que le potentiel se matérialise, il peut décider d'acheter ce marché sur une période hebdomadaire. Il sait qu'il est souvent difficile de prédire le jour ou l'heure précis où le marché prendra réellement un tournant en termes de prix, mais il est également conscient que lorsqu'il se produit, il sera situé dans une zone proche de l'emplacement idéal pour un gain de prix. Il est possible qu'il achète une partie de sa position à ce moment-là, avec l'intention d'acheter le reste au cours des six prochaines semaines.

En revanche, considérons un trader baissier opérant sur le même marché. Même s'il utilise un cadre temporel horaire et n'a aucune intention de conserver des trades pendant le week-end, il peut guetter un sommet hebdomadaire comme opportunité de vente potentielle. Après que le marché a atteint son sommet hebdomadaire par le biais de transactions, il peut attendre jusqu'à six heures pour confirmer que le sommet de la semaine a été atteint. Ensuite, il met son plan en action du côté vendeur, et s'il ne s'avère pas rentable d'ici la fin de la journée, il liquidera la position. La période de "maintenant" dans la perspective de ce trader est de deux heures.

Dans les deux scénarios, le flux net des ordres finira par avoir un impact sur les positions des traders, quel que soit le cadre temporel dans lequel ils exécutent leurs trades. Dans un scénario, la pression correspondante sur la réflexion du trader se développe sur plusieurs semaines, mais dans l'autre scénario, cela prend seulement quelques heures. Le prix final auquel le marché se fixera au cours des trois mois suivants n'aura probablement aucune importance pour le trader qui observe le cadre temporel horaire, car il aura eu de nombreuses opportunités, comme il les qualifierait, au cours de cette période. Le trader qui observe le cadre temporel hebdomadaire peut avoir une perspective complètement différente. Cependant, les deux traders exécutent leurs trades sur le même marché, et en conséquence, les deux traders exercent une pression sur le mouvement des prix du marché par le biais de leurs transactions.

Qui êtes-vous pour faire du commerce avec ? Car la seule chose qui vous rapportera un profit est d'être du bon côté du flux des ordres pour un certain cadre temporel, connaître votre propre cadre temporel est une composante cruciale de votre approche de trading. Il n'est pas judicieux, en tant que trader horaire, de vous positionner à l'opposé du trader hebdomadaire. Son flux d'ordres prend plus de temps à se développer, et il n'exécutera pas de transactions du côté opposé du marché tant qu'il n'y aura pas eu une fluctuation de prix beaucoup plus importante. Si vous vendez contre un trader hebdomadaire qui achète, il sera plus enclin à conserver ce trade pendant une période beaucoup plus longue, que le marché évolue en sa faveur ou non. Vous ne pourrez pas racheter une position courte lucrative dans la période pendant laquelle il sera disponible pour liquider ses positions longues perdantes. Votre position courte qui coûte 200 $ par contrat est simplement un bruit insignifiant pour lui. Par conséquent, si votre trade ne fonctionne pas en quelques heures et que vous souhaitez liquider votre position perdante, il ne sera pas non plus là pour liquider son trade long ouvert rentable, car il a tendance à le conserver pendant quelques mois.

Il s'agit évidemment d'une simplification excessive de la façon dont fonctionne l'action des prix, et dans tout marché liquide, il y aura de nombreuses commandes disponibles des deux côtés du marché. L'essentiel à retenir est qu'il existe plusieurs cadres temporels concurrents, et le but d'un cadre temporel n'est pas toujours le même que celui d'un autre cadre temporel. Lorsque votre cadre temporel et le cadre temporel qui contrôle actuellement le marché sont alignés, vous aurez les meilleures opportunités pour effectuer des trades. Si quelque chose venait à changer, votre transaction commerciale serait invalide.

Savoir comment se positionner sur le flux des ordres au fur et à mesure qu'il se développe pour un certain cadre temporel est un aspect important de la construction d'une stratégie de trading fiable et d'une présence puissante sur le marché. Cet aspect repose en partie sur la capacité à anticiper les changements dans le flux des ordres. Avant de pouvoir commencer à trader, vous devez avoir une idée claire de la période que vous utiliserez. Si vous n'êtes pas disposé à maintenir des positions pendant plus d'une certaine durée, votre stratégie ou approche doit être cohérente avec le cadre temporel dans lequel vous tradez. Si vous ne restez pas assez longtemps sur le marché pour profiter de la tendance, n'optez pas pour une approche de suivi de tendance ; envisagez plutôt une approche basée sur la volatilité, qui donnera un signal de liquidation dans un laps de temps plus court. Si vous ne restez pas assez longtemps sur le marché pour profiter de la tendance, n'optez pas pour une approche de suivi de tendance.

Voici la traduction en français :

Votre période de temps, plutôt que votre tolérance au risque, devrait refléter votre volonté de conserver un trade gagnant, car c'est la meilleure règle à suivre. Toute approche ou technique systématisée doit avoir un mécanisme infaillible pour couper immédiatement les pertes, mais la quantité de temps dont vous disposez déterminera combien de temps vous pourrez conserver un trade gagnant. Si une journée est votre période choisie, combien de jours cette transaction a-t-elle le potentiel d'être rentable ? Une fois que vous avez compris votre propre cadre temporel particulier, vous serez mieux en mesure de maintenir vos positions. Cela est dû au fait que tous les cadres temporels ont besoin d'une certaine quantité de temps pour exprimer pleinement leur potentiel. Il est très possible que cette période de temps soit très similaire à la façon dont votre propension naturelle fonctionne, c'est-à-dire laisser les choses se développer d'elles-mêmes selon votre propre cadre temporel naturel.

Un facteur de trois semble fonctionner le mieux, selon mon expérience, lorsqu'on essaie de déterminer la quantité parfaite de temps à consacrer à quelque chose. Si vous tradez en utilisant un cadre temporel hebdomadaire, vous devriez vous attendre à ce qu'il faille environ trois semaines pour que votre transaction atteigne son plein potentiel. Cela suppose, bien sûr, que vous ayez initialement la bonne vision du marché. Si vous tradez avec un cadre temporel de 15 minutes, vous devriez vous attendre à ce que le développement de votre transaction prenne environ 45 minutes. Bien qu'il soit possible qu'une seule transaction ait potentiellement beaucoup plus de potentiel que les résultats de votre période spécifique ne le révéleraient, ce n'est pas la préoccupation principale ici. Dans toute transaction, ces probabilités commenceront à diminuer après un certain laps de temps, quel que soit le cadre temporel que vous choisissez ; la question de savoir dans quelle mesure ce trade va au-delà de votre cible est un problème qui se pose lors de l'utilisation de cadres temporels différents.

Quel que soit le laps de temps que vous décidez d'utiliser pour votre approche, vous devriez toujours vous demander si la méthode et le cadre temporel sont quelque chose avec lesquels vous êtes naturellement à l'aise. Cela s'applique à toutes les circonstances. Si vous êtes du genre à avoir du mal à prendre des décisions rapides, une stratégie impliquant des cadres temporels courts et offrant plusieurs transactions possibles chaque jour n'est certainement pas le meilleur choix pour vous. Si vous êtes du genre à ne pas supporter d'attendre que les choses se produisent, alors une stratégie qui prend des mois (comme un système extrêmement orienté vers les principes fondamentaux) peut ne pas être la meilleure option pour vous.

Lors du choix de votre période de temps, la chose la plus essentielle à garder à l'esprit est que la réduction des pertes n'est qu'une composante de la stratégie globale. Vous serez tôt ou tard du bon côté du flux des ordres, et quand cela se produira, vous devez savoir que c'est acceptable de donner à ce trade toute la durée nécessaire pour développer le potentiel réel qu'il a. Lorsque vous êtes du bon côté du flux des ordres, vous devez savoir que c'est acceptable. Votre fenêtre de temps disponible est un facteur important à prendre en compte.

Définir votre risque.

Je suis convaincu que la compétence la plus cruciale à maîtriser pour réussir en tant que trader est la capacité à couper les pertes sans être émotionnellement investi dans le résultat. Il est moins essentiel de savoir comment vous arrivez à la conclusion que c'est la meilleure approche pour vous individuellement que d'avoir un moyen de le réaliser et de l'utiliser de manière cohérente. Le piège commercial à éviter par-dessus tout est celui qui handicape le plus rapidement n'importe quel trader, à savoir l'incapacité de savoir et d'admettre quand l'hypothèse de trade ne fonctionne tout simplement pas, et qu'elle ne fonctionnera peut-être jamais.

De tous les pièges commerciaux à éviter, c'est celui qui le fera. Cela va beaucoup plus loin et plus profondément que simplement "admettre que j'avais tort", croire "je peux attendre un peu avant de décider quoi faire", "supporter la chaleur nécessaire jusqu'à ce que cela s'inverse", ou toutes les autres façons nombreuses de faire la même chose, qui justifient votre inaction face à la disparition de votre capital.

Vous ne pouvez faire un trade perdant que pour une raison : à ce moment précis, vous êtes du mauvais côté du flux des ordres. Il n'y a pas d'autre explication. La réalité du problème est que vous perdez de l'argent, et peu importe comment cela s'est produit ou ce que vous vous êtes dit pour mettre en œuvre le plan à ce moment-là. Votre perte continuera de croître tant que vous resterez du mauvais côté du flux des ordres. À un moment donné, soit vous serez contraint de liquider en raison d'un appel de marge ou quelque chose de pire, soit vous choisirez de liquider parce que la douleur de la perte deviendra trop insupportable et vous déciderez de sortir de la position. Lorsqu'un trader a perdu le contrôle de son exécution, l'acte simple de la liquidation se fait dans toutes les situations où une perte est énorme et insupportable. La liquidation se fait lorsque le trader n'a pas d'autre choix. Quelqu'un d'autre - que ce soit la bourse, le courtier, le responsable de la marge ou votre propre envie personnelle d'éviter la souffrance (émotion) - contrôle le résultat net qui est maintenant dans le compte de trading. Cela peut être la bourse, le courtier, le responsable de la marge ou votre émotion. Lorsque vous perdez le contrôle de l'exécution de votre stratégie de liquidation, les pires pertes se produiront toujours.

Ce n'est pas un problème avec le trading que de perdre le contrôle de votre propre argent de cette manière. C'est un symptôme d'un problème plus fondamental, dont la source est, au fond, une composante de la psyché personnelle du trader. Peu importe quel est le problème sous-jacent, vous devez vous assurer qu'il est correctement traité et que vous êtes correctement préparé à la possibilité qu'il puisse vous faire perdre de l'argent. En tant que trader, tôt ou tard, vous enfreindrez la seule règle que vous devez absolument suivre pour vous engager dans un trading rentable : Définir votre risque. Si vous tradez sans définir votre risque de perte, il est seulement question de temps avant de vous retrouver dans une situation de trading pour laquelle vous n'étiez pas préparé, et l'argent quitte votre compte à une vitesse hypersonique. Si vous tradez sans définir votre risque de perte, il est seulement question de temps avant de vous retrouver dans une situation de trading pour laquelle vous n'étiez pas préparé. Pour vous protéger de ce risque, vous devez comprendre la règle la plus cruciale de l'industrie du trading : Définir votre risque.

Que signifie exactement définir le risque que vous prenez ? Bien que cela soit une évidence, je maintiens que la solution n'est pas aussi simple que de simplement émettre un ordre stop préventif. Votre personnalité et l'ensemble de compétences que vous possédez en tant qu'individu jouent toutes deux un rôle dans la détermination de votre niveau de risque. Lors de la définition de votre risque, vous devriez prendre en compte non seulement le risque monétaire en dollars sur chaque transaction, mais aussi votre présence totale sur le marché et votre volonté de participer au marché.

Lorsque vous essayez de déterminer le niveau de risque auquel vous êtes exposé, une question à vous poser est : "Qu'est-ce que je sais vraiment sur le marché ?" Si vous êtes complètement honnête avec vous-même et que vous répondez "Pas grand-chose, en réalité", il serait très judicieux de vous engager à acquérir une compréhension fondamentale de ce sur quoi se concentrent les traders dans ce marché spécifique et de ce qui tend à provoquer des réactions dans les prix. Ce serait une excellente idée même si votre réponse honnête était "Pas grand-chose, en réalité". À titre d'exemple, de nombreux traders sont surpris d'apprendre que les rapports sur l'indice des prix à la production (IPP) et l'indice des prix à la consommation

(IPC) sont fréquemment et largement ignorés par les traders professionnels du FOREX, mais sont étroitement surveillés par les traders en taux d'intérêt, bien que les deux marchés soient profondément imbriqués et interdépendants à divers niveaux. Un trader débutant qui n'a pas cette connaissance peut être tenté de conclure une transaction FOREX sur la base d'une décision que le marché FOREX n'a pas jugée très valable à ce moment-là. En le faisant, il prendra un risque potentiel qu'il n'aurait pas eu autrement.

Si vous êtes un trader intéressé par l'obtention du plus grand contrôle possible sur votre présence sur le marché, il est prudent d'inclure votre processus d'éducation réelle comme composante de votre plan de réduction des risques. Pouvez-vous affirmer avec une complète sincérité que vous êtes un expert sur le marché dans lequel vous tradez ? Dans ce cas, si vous souhaitez connaître votre risque, vous voudrez peut-être envisager de suivre régulièrement un cours de remise à niveau sur les fondamentaux des marchés dans lesquels vous opérez. Au fil du temps, chaque marché connaît des cycles d'évolution et de changement. Ce qui a été fructueux l'année précédente peut ne pas l'être autant cette année. Soyez prêt à analyser et à élargir continuellement vos connaissances du marché, car c'est souvent la méthode la plus efficace pour définir le risque, car elle vous permet d'anticiper les défis possibles et de vous préparer à leur survenue.

Une analyse de votre propre situation financière et des façons dont elle met davantage de pression sur votre vie est une autre composante qui peut être incluse dans le processus d'identification des risques. Cela n'est pas le même que le vieil adage selon lequel vous devriez seulement trader avec de l'argent que vous pouvez vous permettre de perdre. Ces pressions ou conflits émotionnels non liés au marché peuvent facilement déborder sur votre exécution de trades pour des raisons qui n'ont rien à voir avec le potentiel commercial réel. Par exemple, si vous vous remettez d'un divorce et avez un fort besoin de vous rétablir financièrement, ces pressions ou conflits peuvent facilement déborder sur votre exécution de trades. Une personne qui pense pouvoir payer son prêt hypothécaire via le trading et qui prévoit gagner cet argent sur le marché en peu de temps pourrait se mettre dans une position où elle se retrouverait dans une situation plus difficile en cas de perte, même légère. Outre le risque monétaire réel que vous prenez en démarrant une nouvelle position, vous devriez sérieusement considérer le potentiel de ces autres types de risques, qui peuvent être assez importants.

Quels sont les sentiments de votre conjoint ou de votre partenaire concernant le fait que vous souhaitez trader ? Si votre conjoint vous pense fou de trader les contrats à terme de soja, vous n'avez peut-être pas l'intention de lui dire que vous perdez de l'argent avant qu'il ne soit temps de faire vos impôts et que vous ayez une toute nouvelle déduction à mentionner. Cela est particulièrement vrai si votre conjoint vous pense fou de trader les contrats à terme de soja. Imaginez la pression qui aurait été exercée sur votre relation à ce moment-là. Vous voudrez peut-être réfléchir à savoir si votre partenaire a quelque chose à apporter à la discussion. De nombreux traders ont constaté que le facteur le plus important de leur succès est un sentiment de confiance découlant de la certitude qu'ils ont le soutien de leur conjoint. Certains participants au marché rapportent ressentir un plus grand sentiment d'accomplissement du fait qu'ils sont capables de subvenir aux besoins de leur famille avec l'argent qu'ils ont gagné grâce au trading. En revanche, dans la vie quotidienne, la relation d'un trader avec son conjoint peut être impactée de manière positive ou négative en fonction de la résolution de la situation financière de la famille. C'est un fait essentiel que de nombreux traders ont du mal à reconnaître, bien que cela se produise fréquemment. Si vous êtes l'un de ces traders dont la concentration pourrait être perturbée par des désaccords à la maison, le fait d'avoir le soutien total de votre conjoint vous aidera à mieux définir votre risque et réduira la probabilité qu'il se produise. Vous pouvez parier sur une chose, c'est le fait qu'il y a des moments dans la vie d'une personne où elle est moins capable de consacrer le genre d'attention émotionnelle et personnelle intense nécessaire pour spéculer avec succès. Soyez attentif aux aspects personnels de votre trading et gardez à l'esprit qu'il peut y avoir des moments où vous ne serez tout simplement pas en mesure de performer au mieux. Lorsque cela se produit, vous devriez soit vous retirer complètement du marché, soit limiter le nombre de vos trades pendant un certain temps.

Nous sommes prêts à aborder la question des risques financiers inhérents à chaque marché une fois que nous avons effectué suffisamment de recherches appropriées pour le marché dans lequel nous sommes intéressés à trader, ainsi qu'une fois que nous avons évalué nos pressions personnelles au point où nous sommes convaincus qu'elles ne nous affecteront pas négativement. La réalité est que nous courons le risque d'avoir tort sur notre prochaine transaction, ce qui nous obligerait à subir une perte en termes de dollars monétaires. Aucun trader réussi n'a jamais un taux de réussite de cent pour cent sur toutes ses transactions. Certains traders ont tendance à anticiper inconsciemment que chaque transaction qu'ils effectuent sera un coup de circuit ; après tout, pourquoi d'autre nous engageons-nous dans cette activité ? Dans de nombreux cas, c'est précisément cette attente qui nous amène à commettre l'erreur de ne pas identifier la perte maximale en dollars que nous sommes prêts à subir en cas d'échec de la transaction. Après tout, pourquoi se donner la peine de placer un ordre stop ou de choisir un point de sortie si cette transaction a le potentiel d'être un coup de circuit ?

Beaucoup d'investisseurs qui ont connu des pertes plus importantes que prévu disent, lorsqu'ils réfléchissent à la façon dont ils en sont arrivés là, des choses comme : "Oui, j'aurais pu sortir plus tôt, mais... (insérez une raison stupide ici)." Ils n'étaient plus en contrôle de leur exécution et étaient plutôt à la merci du marché en raison de leur refus d'identifier le risque à l'avance, ce qui les a laissés dans une situation où ils n'avaient pas de stratégie en place pour se protéger. Ils ont fait quelque chose de différent plutôt que de couper impitoyablement la perte à un point déterminé à l'avance. Ils ont entrepris des activités telles que l'espoir, la prière, l'attente, etc., mais la conséquence ultime a été que le marché a continué à marquer leur compte jusqu'à ce qu'ils n'aient plus d'autre choix.

En fin de compte, définir notre risque est une méthode pour couper nos pertes. Cela est simplement dû au fait que nous nous abstenons de nous exposer à un risque tant que nous n'avons pas abordé toutes les façons potentielles de perdre de l'argent au départ. De cette manière, nous coupons nos pertes et nous économisons de l'argent. S'il y a un moyen de l'éviter, nous n'allons permettre à rien de nous prendre de l'argent. Nous avons pris les précautions nécessaires pour nous protéger. Il arrive parfois que cela nécessite de placer un ordre sur le marché ; d'autres fois, cela nécessite de retourner à l'école pour acquérir une compétence qui faisait défaut auparavant ; et encore d'autres fois, cela nécessite d'admettre que nous ne sommes pas encore émotionnellement prêts à trader pour des raisons qui doivent être résolues.

En dernier lieu, le montant d'argent réel que vous avez déposé chez votre courtier doit être de l'argent totalement libre de toute obligation pour vous personnellement. Il doit s'agir d'une somme dont vous pouvez vous détacher émotionnellement et abandonner. Encore une fois, "Ne tradez qu'avec de l'argent que vous pouvez vous permettre de perdre" n'est pas une règle suffisante à suivre dans cette situation. En réalité, c'est le contraire exact qui est un élément que la grande majorité des traders négligent de prendre en compte jusqu'à ce qu'il soit bien trop tard. Vous courez le risque de limiter vos gains si vous avez besoin de cet argent pour n'importe quelle raison dans un laps de temps probable. Si vous avez besoin de récupérer votre solde initial en toute sécurité, disons, dans six mois, et que vous prenez une position forte avec un potentiel significatif au cinquième mois, que se passe-t-il si vous avez besoin de récupérer votre solde initial en toute sécurité dans six mois ? Il est possible que la transaction nécessite encore quatre mois pour atteindre son plein potentiel à la hausse, mais il est également possible que la transaction puisse être le mouvement le plus important sur le marché cette année. Rien ne brise le cœur d'un trader plus rapidement que de devoir liquider un gain modeste qui aurait pu être un gain massif, simplement parce que ces fonds sont nécessaires à un autre objectif, et le trader en avait conscience au moment de la transaction.

Assurez-vous que le risque associé aux finances que vous choisissez de gérer inclut la possibilité que vous n'ayez pas besoin de ces fonds à l'avenir, si cela est possible. Que vous sachiez, par exemple, que vous aurez besoin d'une certaine somme d'argent pour des réparations domiciliaires au printemps, demandez-vous si l'argent que vous déposez chez votre courtier à l'automne est destiné à être utilisé pour ces fonds de réparation domiciliaire. Si vous avez des pertes, vous courez le risque de ne pas pouvoir effectuer les réparations, et si vous êtes du côté gagnant d'une grande transaction pour cette année, vous courez le risque de ne pas obtenir tous les avantages si vous devez vendre tôt en raison d'un engagement imminent.

Une fois que vous vous êtes exposé à un risque dans une transaction, il existe un nombre illimité de façons de perdre de l'argent, donc définir votre risque nécessite d'inclure autant de ces facteurs que possible et implique de construire autant de filets de sécurité que possible. Cela est dû au fait qu'il existe d'innombrables façons de perdre de l'argent. Considérez la probabilité que votre risque personnel concerne autre chose dans votre vie que le solde de votre compte de trading en espèces afin de transformer cette règle à votre avantage et de la faire fonctionner pour vous.

Arrêt protecteur.

La règle concernant l'utilisation de points de sortie prédéfinis, ou "fixer un ordre stop-loss" comme on l'appelle plus fréquemment dans le secteur, est peut-être la règle la plus mal comprise dans l'ensemble du domaine du trading. La plupart des traders n'utilisent les ordres stop-loss que d'une manière qui est, au mieux, inutile. On entend le plus souvent des plaintes concernant le choix des stops de liquidation juste au moment où le marché s'apprête à aller plus loin dans la direction attendue de la transaction initiale après un léger repli. Beaucoup de traders ont ressenti de l'irritation, de la colère, ou simplement de la déception lorsqu'une transaction qui aurait pu entraîner des gains importants a été clôturée trop tôt. D'un autre côté, il semble que la question est moins de savoir si les ordres stop-loss doivent être utilisés du tout que de savoir comment ils doivent être utilisés correctement. L'importance des ordres stop-loss peut être comprise par chaque trader après un seul changement inattendu et défavorable dans le prix. Il semble que tout le monde désire la protection des stops, mais ils espèrent tous secrètement que les stops ne seront jamais élus.

Il ne fait aucun doute qu'il y a beaucoup de débat et de divergences d'opinion sur la manière la plus efficace d'utiliser les ordres stop-loss et les circonstances dans lesquelles les transactions doivent être protégées. Le seul point sur lequel tous les traders réussis peuvent tomber d'accord dans cette discussion est que c'est la seule règle qui ne peut absolument pas être négligée dans aucune circonstance. Votre première et meilleure ligne de défense contre une perte excessive ou involontaire est d'utiliser des ordres stop-loss sur toutes vos positions ouvertes et de le faire de manière cohérente.

Lorsque nous avons commencé à parler des règles de trading qui fonctionnent vraiment, j'ai fait la remarque qu'il est impossible de trader de manière rentable de manière constante à moins d'être du bon côté du flux d'ordres final. C'était notre premier point de débat. Si vous avez fait vos recherches et que votre hypothèse de transaction s'avère correcte pour le moment en question, le flux d'ordres se montrera de ce côté, et jusqu'à ce qu'il change, vous accumulerez un bénéfice sur la transaction ouverte. Si vous avez fait vos recherches et que votre hypothèse de transaction s'avère correcte pour le moment en question, le flux d'ordres se montrera de ce côté. Sur une base tick par tick, le mouvement des prix est créé par des déséquilibres transitoires ; cependant, notre attention se porte sur le flux d'ordres net global plutôt que sur ces fluctuations.

L'un des éléments de la maîtrise de plusieurs échelles de temps est d'avoir une conscience à la fois du flux d'ordres net et de la possibilité que la transaction puisse se développer. J'approfondirai davantage les multiples échelles de temps plus tard (veuillez vous référer à la règle 12), mais pour l'instant, supposons l'hypothèse suivante afin que nous puissions mieux comprendre la psychologie de l'utilisation des ordres stop-loss : Peu importe le nombre d'échelles de temps différentes prises en compte, le flux d'ordres ne sera jamais correctement équilibré sur n'importe quelle cotation. À chaque cotation de prix qui est échangée, il restera toujours au moins un ordre d'achat ou de vente non vendu. En raison de cela, le marché sera toujours susceptible d'un déséquilibre momentané sur une échelle de temps quelconque, ce qui provoquera des mouvements de prix dans les deux sens plusieurs fois. Cela est dû au fait que le flux d'ordres restant produira la nécessité de modifier l'offre ou la demande. Grâce à cette information, nous avons l'assurance que nous pouvons maintenir cette position ouverte aussi longtemps que les prix continuent de bouger dans une direction générale au fil du temps, et ce jusqu'au moment où nous pensons que le plein potentiel sera réalisé. Le marché peut évoluer latéralement entre deux niveaux de prix pendant une longue période avant de se casser et d'atteindre notre objectif ; cependant, nous sommes capables de distinguer ce comportement comme "consolidant" ou "congestionnant". Le mouvement fondamental des prix n'est pas assez important pour que nous clôturions la transaction ouverte à ce moment-là ; l'action des prix observée est typique du chemin menant à l'objectif ultime. Nous sommes conscients que les prix du marché ne bougent pas de manière linéaire ; au contraire, ils évoluent de manière zigzag en direction d'un niveau particulier. En raison de cela, notre objectif est de maintenir la stabilité malgré l'action en zigzag du marché. La seule exception à cela est lorsque le zigzag supposément normal des prix est une retraite complète de 61,8 % qui couvre quatre semaines de temps et 7 % de la valeur du contrat.

Maintenant, nous devons résoudre le problème de décider où placer les stops et que faire avec eux. Comment pouvons-nous rassembler le courage de maintenir une position à travers une activité de prix qui est typique, attendue et saine tout en progressant vers notre objectif ultime ? Comment pouvons-nous conserver notre position gagnante tout en évitant d'être stoppés lors d'une retraite normale ? Je pense que la solution réside dans la façon dont on définit l'objectif des ordres stop-loss et dans la compréhension de ce que signifie vivre l'inattendu, ce qui arrivera à chaque trader à un moment donné.

À mon avis, les ordres stop-loss ne sont pas mis en place pour protéger un profit réalisé sur une position ouverte dans un compte de trading. Ils ne sont pas un instrument de contrôle des risques. Les ordres stop-loss sont une technique de gestion des profits et ne devraient pas être utilisés pour clôturer des transactions actuellement rentables. Vous ne devriez pas les utiliser pour liquider une position, quelle qu'elle soit, avant qu'il n'y ait un changement dans la structure fondamentale du marché. Au lieu de cela, vous devriez les utiliser après qu'il y a eu un changement.

Si vous suivez cette ligne de pensée jusqu'à sa conclusion logique, qui est que la seule raison pour laquelle votre transaction gagnante se produit est parce que vous êtes du bon côté du flux net d'ordres à ce moment-là, alors le meilleur moment pour liquider cette transaction gagnante ne sera que lorsque le flux net d'ordres dans cette direction est sur le point de se terminer. En d'autres termes, vous maximisez votre bénéfice potentiel en achetant bas et en vendant haut avant que le flux net d'ordres ne change de direction. Si votre prédiction était exacte, alors votre ordre stop-loss protecteur n'était jamais en danger. Le marché n'avait jamais le potentiel de bouger d'une manière qui vous aurait été préjudiciable, et vous étiez dans la position idéale pour profiter de tout flux d'ordres qui se présentait à vous. Par conséquent, l'arrêt n'a pas obtenu suffisamment de votes. En réalité, on pourrait presque aller jusqu'à dire que même si l'ordre stop n'avait jamais été placé, le résultat final aurait été exactement le même car le flux d'ordres était ce qu'il était. C'est parce que le fait que l'ordre stop n'ait jamais été placé n'a pas changé le fait que le flux d'ordres était ce qu'il était. En raison de cela, certaines personnes ont tendance à s'engager dans des transactions continues, mais cela soulève une série de préoccupations distinctes.

Arrêts mobiles.

Si tel est le cas, pourquoi déplacer votre stop ? À mon avis, c'est la considération la plus importante pour faire un usage efficace des ordres stop-loss. Si vous avez déterminé avec précision la direction du flux net d'ordres, le stop est inutile et peut tout aussi bien ne pas être là du tout. La question qui doit être répondue est de savoir s'il y a eu un changement dans le flux net d'ordres global, pas chaque petit tick de prix qui se produit pendant chacun de ces petits zigzags ou corrections minuscules. Vous ne devriez ajuster votre ordre stop-loss que si vous n'êtes pas absolument sûr d'avoir identifié le point dans le flux d'ordres où le profit potentiel n'est plus disponible. Vous placez votre ordre stop-loss initial dans le seul but de vous protéger au cas où vous n'auriez pas correctement identifié le lieu initial où le flux d'ordres changera. Si vous vous trompez dans votre entrée, vous aurez limité votre perte à un montant prédéterminé conformément à la méthodologie de votre système de trading et de votre plan de trade.

Si ce que vous dites est exact, alors tout ce qui peut être fait est d'attendre que le flux net d'ordres cesse d'avoir du potentiel dans cette direction. À part cela, il n'y a rien à faire. Si vous n'êtes pas sûr de l'endroit où se situe ce point, la seule alternative qui s'offre à vous est d'ajuster le stop plus près des prix qui sont négociés. Une fois que le marché a commencé à vous montrer un bénéfice sur une transaction ouverte, il est temps de placer un ordre stop-loss ultérieur. Cela nous amène au point que nous discutions précédemment. Parce que les stops ne sont pas nécessaires si votre hypothèse initiale est la bonne jusqu'à ce que quelque chose ait changé et que vous l'ayez manqué, la psychologie derrière la modification de cette séquence de stop-loss est la principale préoccupation lorsqu'il s'agit d'appliquer les stops de manière appropriée.

En ce qui concerne la mise en place d'un ordre stop-loss plus près des prix du marché après le début d'une transaction réussie, la seule question que vous devriez vous poser est "Que se passe-t-il si quelque chose change avant que je ne le voie changer ?" Il n'y a pas d'autre justification pour déplacer un stop que cela. Votre stratégie de trading devrait inclure au moins une forme de mécanisme vous permettant de remonter votre ordre stop-loss jusqu'à votre prix d'entrée sur des gains en cours, présupposant ainsi que la transaction ne comporte aucun risque.

Si vous voulez tirer le meilleur parti des ordres stop-loss, n'oubliez pas que vous ne devriez les utiliser que comme ordre de sortie en cas de pire scénario. Être sur le marché du mauvais côté du flux d'ordres au moment de la première entrée est le premier cas qui qualifie en tant que pire scénario pour vous. Le deuxième pire scénario est que vous épuisiez le flux d'ordres avant d'avoir une avance décente sur le marché. Le troisième pire scénario est celui où quelque chose change, mais vous n'avez pas pu anticiper son arrivée à temps pour liquider la transaction avec les fonds disponibles à ce moment-là. Si cela n'est pas une option, alors la seule chose à faire est d'attendre votre objectif. À mon avis, le moyen le plus sûr de limiter les gains est de déplacer rapidement et agressivement les stops dans le but de sécuriser les profits. La présence d'un flux et reflux réguliers dans le déséquilibre mineur des ordres, les retracements répétés des sommets ou des creux importants, et le bruit aléatoire entre les sommets et les creux sont tous des éléments considérés comme faisant partie du jeu. Il est assez improbable que vous ou tout autre trader soyez aussi pointu dans votre observation que vous puissiez identifier avec précision les points de prix à court terme pour de tels mouvements de prix en fonction de ce que vous voyez. Lorsque vous placez vos stops trop près du marché, vous exprimez le doute et l'anxiété, ainsi qu'une attachement à un certain prix, plutôt que d'attendre patiemment que le flux net d'ordres s'épuise dans la direction souhaitée. Vous courez le risque que vos stops soient choisis par le léger déséquilibre des ordres tick by tick si vous déplacez agressivement vos stops. Ce risque augmente à mesure que la volatilité du marché augmente. Vous devez voir les stops comme une technique de liquidation uniquement si quelque chose a changé afin de vous protéger de ce risque possible. Pourquoi voudriez-vous augmenter votre risque s'il n'y a pas eu de changement dans la structure du marché ? Si rien n'a changé, un ordre stop-loss ne devrait pas être déplacé.

Le problème de placer des ordres stop-loss peut être exploité pour votre technique de trading spécifique de plusieurs manières. L'une de ces façons est d'ajuster les stops pour seulement deux raisons. Le premier objectif est de vous faire sortir de la transaction à une perte ou un gain en dollars spécifié, conformément aux réglementations régissant votre gestion des risques. En d'autres termes, si la transaction fonctionne jusqu'à un niveau particulier de profit en cours, vous modifiez votre ordre pour assurer soit une perte moindre/une somme d'équilibre, soit un petit profit. Cela est fait dans le cas où la transaction fonctionne jusqu'à un montant spécifique de profit en cours. Une fois que vous avez dépassé ce seuil, le stop doit rester en place jusqu'à ce que vous ayez atteint votre objectif.

Si vous faites du pyramidal sur des positions de trading ouvertes, c'est le deuxième scénario dans lequel vous voudriez déplacer un stop. Il est recommandé d'avoir toujours un stop de sortie à l'équilibre sur l'ensemble de votre position. Cela permet que dans le cas où quelque chose change, que la pyramide commence à jouer contre vous et que votre position de trading ouverte tombe en dessous de votre fonds de départ sur la transaction, vous aurez une stratégie de sortie vous permettant de revenir à l'équilibre. Déplacer vos stops de manière agressive est une stratégie qui augmente le risque de couper un profit court qui devrait être évitée dans toutes les autres circonstances car elle est à la fois nuisible et inutile. Dès qu'une transaction vous a fourni une avance décente, vous êtes en mesure de déterminer si votre hypothèse est, en fait, la bonne pour le court terme. Et une fois que cette transaction est protégée pour peu ou pas de risque, déplacer un ordre stop-loss plus près du marché de manière régulière ne vous mettra que dans la position de vous faire prendre dans l'action aléatoire des ticks qui ne devrait de toute façon pas vous préoccuper. Déplacer régulièrement un ordre stop-loss plus près du marché ne vous mettra que dans la position de vous faire prendre dans l'action. Pourquoi voudriez-vous être sur un marché que vous ne pouvez pas voir correctement en premier lieu si quelque chose a changé et que vous n'êtes pas en mesure de le reconnaître assez rapidement pour empêcher la majorité du bénéfice en cours de se dissiper ?

Rappelez-vous toujours que les stops ne sont pas des outils de gestion des risques. Ce sont des outils de gestion des profits. Ils ne peuvent être considérés comme des outils de gestion des risques que dans le cas où quelque chose a changé et que vous vous retrouvez du mauvais côté du flux d'ordres par accident. Dans ce scénario, vous agiriez dans votre meilleur intérêt en liquidant, même si l'événement s'est produit plus rapidement que vous auriez pu l'anticiper compte tenu de votre niveau d'expertise actuel.

En tout cas, votre capital est protégé, et vous pouvez rechercher le prochain trade l'esprit clair maintenant que vous en avez terminé avec celui-ci. Chaque jour est un jour de jugement, il est donc important de positionner correctement les stops.

Chapter Four Reacting to Your First

Loss Often, traders with strong personalities or significant intellectual abilities are noted for consistently violating this rule. These traders, for reasons that are both succinct and accurate, can frequently anticipate market highs and lows ahead of significant price movements. Due to their strong belief and commitment to their hypothesis, they tend to act in a manner corresponding to the side they believe will make the decisive move, even if it results in losses before eventually getting on the winning side. While some of these traders may have been correct in their hypothesis early on, they might continue trading from the wrong side for an extended period, significantly reducing their account equity by the time the major move finally occurs. Once the major move happens, there might be an opportunity to recover the losses incurred during the preceding moves.

It's possible for a bull market to transition out of being a bull market well before reaching its peak, and similarly, a bear market can cease being a bear market long before prices hit their low point. Traders often observe this reality, looking far enough ahead to understand that going in the opposite direction has a greater possibility, anticipating an imminent turn. They may spend considerable time analyzing the right time/price relationship, entering quality positions with initial small gains. However, if the market continues sharply in its original direction, they might eventually be forced out. This type of trading scenario gives rise to the old adage, "Don't pick tops and bottoms," but the fact remains that markets must eventually top or bottom; these turns typically present the lowest risk and the best reward potential.

Identifying these turning points is another challenge, and it's not covered in this book as it's not relevant. In the current market environment, it's believed that all the resources and information needed to identify significant inflection points are readily available. The issue is not the inability to recognize turns; the issue is acting too early.

The concept of nonattachment serves

as the psychological foundation for this guideline. Many traders struggle to detach themselves emotionally from price movements. Despite having a solid understanding of the market, confidence in their strategy, and the knowledge that profits are made by buying low and selling high, they often feel the need to take immediate action. This impulsive action stems from a deep emotional connection to the judgment they've made, creating an attachment to the executed price.

Developing an emotional attachment to a specific price makes it easy to perceive something as "wrong" if prices don't improve in a positive direction quickly. This attachment to pricing, which doesn't change until there's order flow on that side, becomes a problem. If the chosen price isn't relatively close to the order flow, the trade won't work from that specific price at that particular moment. The order flow won't go in the desired direction, and while it might happen in the future, there's no need for concern in the meantime. The trader may have an accurate market theory for the future, but at that specific price/time relationship, they're on the losing side and have no choice but to step aside. What's happening in the market has nothing to do with the trader's feelings about the transaction, their knowledge, or their commitment to the market.

Accepting the first setback means taking oneself out of the equation. It's important to note the emphasis on "accepting the loss." The issue doesn't stem from the market itself; it's with the trader and the attachments they've formed regarding the trade theory. The more educated, experienced, or successful a trader becomes, the more likely they are to develop trade attachment, especially if they've made significant profits in a particular market in the past.

To make this rule work in one's favor, cultivating the capacity to emotionally detach from trade outcomes is essential. It's highly unlikely that a trader will correctly predict a market turn on the exact day and time it happens. They might be close to the price and time when a turn occurs in relation to their time frame and approach. Throughout a trading career, there will likely be more losing transactions than winning ones. Emotional attachment or strong dedication to a specific price region, transaction, or side prevents the trader from reevaluating their hypothesis. While the trader might be correct about the market's long-term direction, at the present moment, they are on the wrong side of the order flow. Instead of debating it, a different perspective is worth considering.

Both self-awareness and the approach taken are necessary to make this rule work. Achieving a competitive advantage in the market involves developing a system for trade selection. Self-awareness is a crucial component of this competitive advantage, allowing traders to determine when their trading strategy is relatively accurate and when it's not working. The less attachment a trader has to any single trade, the better their overall success will be; no trading system will yield winners in every instance, regardless of circumstances.

Parce que chaque perte nous enseigne

quelque chose de nouveau et de précieux, la première que nous subissons est toujours la meilleure. Une perte indique qu'à ce moment précis, nous sommes du côté du flux des ordres qui perd de l'argent. Cela n'implique pas que notre hypothèse commerciale ne sera pas correcte à un moment donné ; cela n'implique pas que nous, en tant que traders, avons fait quelque chose de "mal" ; et cela n'implique pas que nous ne pourrons pas effectuer un autre échange du même côté et que cela fonctionnera à un moment donné à l'avenir. La seule chose que vous devez être prêt à retirer d'une perte, ce sont les leçons précieuses qu'elle vous enseigne. Vous, en tant que trader, courez le risque de subir une autre perte pour la même raison - ne pas connaître le flux des ordres - si vous ignorez ces connaissances, refusez d'admettre que votre hypothèse n'est pas une représentation précise de la structure du marché, ou justifiez l'exécution à nouveau du même côté sans y réfléchir. Votre première défaite est vraiment votre meilleure opportunité d'apprendre, car elle vous permet de vous concentrer sur les deux seuls aspects vraiment importants de la compétition : (1) Passer du bon côté ; (2) si vous êtes déjà du mauvais côté, partez immédiatement. Tout ce que vous ressentez ou faites en réponse à votre première perte - l'ignorer, blâmer quelqu'un d'autre, la rationaliser, devenir furieux - rien de tout cela ne vous empêchera de subir une deuxième perte. La seule chose qui peut empêcher une autre perte de se produire est de comprendre ce qui a causé la perte précédente et de déterminer si votre lien avec l'objectif que vous souhaitez atteindre est un facteur contributif au problème. Vous devez avoir une quantité raisonnable de volonté pour admettre que votre hypothèse peut être prématurée ou complètement incorrecte, même si vous avez fait un travail magistral de recherche avant le commerce et que vous êtes parvenu à une conclusion raisonnable suffisamment forte pour vous engager. Ceci est nécessaire même si vous êtes parvenu à une conclusion raisonnable et suffisamment forte pour vous engager. Imaginez que vous ayez 100% raison, mais que votre prédiction soit décalée de six mois. Si vous choisissez d'ignorer les informations que votre première perte de trading peut fournir, vous courez le risque d'épuiser une partie importante de votre argent de trading disponible. Si votre hypothèse commerciale est totalement erronée, vous courez le risque d'encourir une perte totale si vous choisissez d'ignorer les informations fournies par votre première perte et de continuer à trader. Si vous êtes capable de vous dire en toute honnêteté, "Peu importe ce qui se passe sur n'importe quel échange", vous êtes beaucoup plus près d'obtenir la véritable réponse à la question "Qu'est-ce qui a causé la perte ?", car la seule chose qui cause une perte est d'être du mauvais côté du flux des ordres. Si vous êtes capable de vous dire, "Peu importe ce qui se passe sur n'importe quel échange", vous êtes beaucoup plus près d'obtenir la véritable réponse. Si vous êtes capable de mettre de côté toute votre recherche et analyse, ainsi que l'inconfort physique et mental causé par un débit en espèces sur votre compte ou la frustration émotionnelle, alors vous serez très probablement en mesure de regarder objectivement le marché et de trouver les indices de sa structure réelle à ce moment-là. Passer du bon côté du flux des ordres peut signifier initier un autre échange du même côté au même prix, mais cela pourrait aussi signifier quelque chose de complètement différent. Vous pourriez être très près du virage pour le prochain mouvement significatif, mais il y a une chance que vous ne le voyiez pas du tout si vous refusez d'embrasser la leçon que la première défaite essaie de vous enseigner : "Pas encore". Cette règle a le potentiel d'être un instrument très utile pour votre succès à long terme. Bien que cela puisse sembler un oxymore de dire que vous avez subi une perte pour toutes les bonnes raisons, la psychologie sous-jacente de cette règle pourrait réellement vous être d'une grande utilité. Une perte indique seulement que vous pourriez faire votre prédiction trop tôt. C'est un défi vraiment souhaitable à relever. Dans l'analyse ultime, pour réussir à exploiter une disparité réelle sur le marché, vous devrez faire preuve d'une certaine prévoyance. La capacité à avoir ce genre de prévoyance est une compétence qui peut être cultivée. Une fois que vous avez atteint un certain niveau de cette prévoyance, la prochaine compétence que vous devrez cultiver est la capacité de chronométrer vos échanges de manière à ce qu'ils se produisent près du moment où le véritable changement dans le flux des ordres a lieu. Peu importe à quel point vous développez cette expertise individuellement ou comment vous construisez et conservez personnellement votre avantage, il y aura des occasions où vous vous retrouverez en avance sur votre planning. Supposez que vous serez confronté à ce problème, et adoptez l'idée que votre toute première défaite est une occasion de vous prouver. Maintenez une totale détachement du résultat, faites de la compréhension du flux des ordres une priorité et laissez votre première défaite vous enseigner quelque chose sur la façon dont vous en êtes arrivé là. Ne combattez pas le marché ; il gagne toujours. Faites attention à ce qu'il a à dire. Soyez ouvert à l'idée que votre théorie puisse être complètement fausse pour le moment, et soyez prêt à accepter cette possibilité.

Chapitre Quatre

Réagir à votre première perte Il est souvent remarqué que les traders dotés d'une forte personnalité ou d'une grande capacité intellectuelle sont ceux qui enfreignent constamment cette règle. Pour des raisons à la fois succinctes et précises, ces traders sont souvent en mesure de prévoir les sommets et les creux du marché avant des mouvements de prix significatifs. Ils ont également une propension à agir rapidement sur des transactions potentielles, ce qui les conduit à subir des pertes avant de finalement réussir à se placer du bon côté. En raison de leur forte croyance et engagement envers leur hypothèse, ils agissent de manière constante en accord avec le côté qu'ils estiment être le mouvement décisif. Certains de ces traders avaient raison dans leur hypothèse dès le début, mais ils ont continué à trader du mauvais côté pendant si longtemps que leur capital de compte a été considérablement réduit au moment où ils ont atteint ce point. Lorsque le mouvement majeur se produit enfin, il y aura alors une chance de revenir à l'équilibre avec le mouvement précédent.

Il est possible qu'un marché haussier cesse d'être un marché haussier bien avant que les prix n'atteignent leur pic, et il est également possible qu'un marché baissier cesse d'être un marché baissier bien avant que les prix n'atteignent leur point bas. En toute honnêteté, c'est la vérité que ces traders observent souvent. Ils regardent assez loin dans l'avenir pour comprendre que prendre la direction opposée a une plus grande possibilité, et ils sont conscients que le retournement est imminent. Ils peuvent même passer beaucoup de temps à analyser pour trouver la bonne relation temps/prix, puis prendre des positions de qualité avec un gain initial modeste. Cependant, si le marché continue de bouger fortement dans la direction prévue, ils seront éventuellement éliminés du marché. Cette situation de trading donne naissance à l'adage désuet "Ne choisissez pas les sommets et les bas", mais la réalité est qu'à un moment donné, un marché doit atteindre un sommet ou un creux ; les retournements ont toujours le risque le plus faible et le meilleur potentiel de récompense.

Trouver ces retournements est un problème totalement différent, et je n'aborde même pas ce sujet dans ce livre car il n'est pas pertinent. À l'état actuel du marché, je suis d'avis que toutes les ressources et informations nécessaires pour identifier de grands moments d'inflexion sont facilement accessibles partout. Le problème n'est pas que vous ne pouvez pas reconnaître les retournements ; le problème est que vous êtes trop tôt.

Le concept de non-attachement sert de base psychologique à cette directive. Un grand nombre de traders n'ont pas encore développé la capacité sous-jacente de se détacher émotionnellement de l'activité des prix. Si nous avons une compréhension solide du marché que nous tradons, une grande confiance dans notre stratégie, et nous savons que nous ne pourrons pas réaliser un profit tant que nous n'achèterons pas bas et ne vendrons pas haut, alors toutes nos connaissances et préparations nous pousseront, à un moment donné, à ressentir le besoin d'agir immédiatement. Nous en venons à la conclusion que "c'est le moment", et nous mettons le plan à exécution. Nous avons fait un investissement personnel significatif pour parvenir à ce jugement, nous avons maintenant un lien subliminal avec la transaction en question. En réalité, ce que nous avons, c'est une attache au prix qui a réellement été exécuté.

Lorsque nous avons développé un lien émotionnel avec un prix spécifique, il ne faut pas grand-chose pour que nous commencions à penser que quelque chose ne va pas si les prix n'évoluent pas dans une direction positive dans un laps de temps raisonnable. La difficulté réside dans l'attachement aux prix, car les prix ne changent pas tant qu'il n'y a pas d'afflux d'ordres de ce côté, et cet attachement est ce qui pose problème. Si le prix que vous choisissez n'est pas relativement proche de là où se situe l'afflux d'ordres, alors ce trade ne fonctionnera pas à partir de ce prix spécifique à ce moment particulier. C'est parce que l'afflux d'ordres ne ira pas dans la direction que vous souhaitez. Il est possible que cela se produise à l'avenir, et cela peut être plus tôt que tard, mais en attendant, il n'y a pas lieu de s'inquiéter. La théorie du marché que vous détenez actuellement pourrait être une représentation précise de l'avenir que le marché a en réserve, mais à ce prix/à ce moment particulier, vous êtes du mauvais côté, et vous n'avez tout simplement pas d'autre choix que de vous retirer. Ce qui se passe réellement sur le marché n'a rien à voir avec ce que vous ressentez à propos de cette transaction, à quel point vous êtes informé, ou à quel point vous êtes engagé à être impliqué sur le marché.

En acceptant le premier revers, vous vous retirez de l'équation. Notez que j'ai mentionné "accepter la perte". En ce moment, le problème ne provient pas du marché lui-même. Le problème réside dans le trader et les chaînes auxquelles il s'est attaché en termes de théorie de trading. Plus un trader est éduqué, expérimenté ou réussi, plus il est susceptible de développer une attache au trading. Cela est particulièrement vrai si le trader a gagné une somme importante d'argent sur un certain marché par le passé.

La clé pour faire fonctionner cette règle en votre faveur est de cultiver la capacité de vous détacher émotionnellement des résultats de vos trades. Il est peu probable qu'un seul trader prévoie correctement un retournement sur le marché le jour exact et à l'heure où il se produit réellement. Vous serez probablement proche du prix et du moment où un retournement sur le marché s'est produit par rapport à votre période de temps et à l'approche que vous utilisez. Tout au long de votre carrière de trading, vous connaîtrez presque certainement un nombre un peu plus élevé de transactions perdantes que de transactions gagnantes. Votre incapacité à réévaluer votre hypothèse est causée par votre attachement émotionnel ou votre engagement intense envers une région de prix spécifique, une transaction spécifique, ou un côté spécifique. Il est possible que vous ayez totalement raison sur la direction que prendra le marché à long terme, mais en ce moment précis, vous êtes du mauvais côté de l'afflux d'ordres. Au lieu de débattre, essayez de le voir sous un angle différent.

Votre auto-connaissance et l'approche que vous adoptez seront toutes deux nécessaires pour que cette règle fonctionne en votre faveur. Nous recherchons un avantage concurrentiel sur le marché, et l'objectif de développer un système de sélection des trades est de repérer et de capitaliser sur de telles opportunités. La conscience de soi est une étape totalement distincte dans le processus de trading ; cependant, elle est un élément essentiel de notre avantage concurrentiel. Seuls nous en tant que traders individuels sommes capables de déterminer que "le moment est venu" pour que notre stratégie de trading soit relativement précise, et seuls nous en tant que traders sommes capables de reconnaître qu'elle ne fonctionne pas. Moins nous avons de lien avec un trade particulier, mieux sera notre succès global ; quelles que soient les circonstances, notre système de trading n'aura jamais des transactions gagnantes à chaque fois.

Parce que chaque perte nous enseigne quelque chose de nouveau et de précieux, la première que nous subissons est toujours la meilleure. Une perte indique qu'à ce moment précis, nous sommes du côté de l'afflux d'ordres qui perd de l'argent. Cela n'implique pas que notre hypothèse de trade ne sera pas la bonne à un moment donné ; cela n'implique pas que nous en tant que traders avons fait quelque chose de "mal" ; et cela n'implique pas que nous ne pourrons pas effectuer un autre trade du même côté et le faire fonctionner à un moment donné dans le futur. La seule chose que vous devez être prêt à retirer d'une perte, ce sont les leçons précieuses qu'elle vous enseigne. En ignorant ces connaissances, en refusant d'admettre que votre hypothèse n'est pas une représentation précise de la structure du marché, ou en justifiant l'exécution à nouveau du même côté sans y réfléchir, vous, en tant que trader, courez le risque de subir une autre perte pour la même raison : ne pas connaître l'afflux d'ordres.

Votre première défaite est vraiment votre meilleure occasion d'apprendre, car elle vous permet de vous concentrer sur les deux seuls aspects vraiment importants de la compétition : (1) Passer du bon côté ; (2) si vous êtes déjà du mauvais côté, partir immédiatement. Quoi que vous ressentiez ou fassiez en réponse à votre première perte - l'ignorer, blâmer quelqu'un d'autre, la rationaliser, devenir furieux - aucune de ces choses ne vous empêchera de subir une deuxième perte. La seule chose qui peut empêcher une autre perte de se produire est de comprendre ce qui a causé la perte précédente et de déterminer si votre connexion à l'objectif que vous souhaitez atteindre est un facteur contributif au problème. Vous devez avoir une quantité raisonnable de volonté pour admettre que votre hypothèse peut être prématurée ou complètement incorrecte, même si vous avez réalisé un travail magistral de recherche avant le trade et que vous êtes parvenu à une conclusion raisonnable et suffisamment forte pour vous engager. Cela est nécessaire même si vous avez abouti à une conclusion raisonnable et suffisamment forte pour vous engager. Imaginez si vous avez raison à 100 %, mais que votre prédiction a une erreur de six mois. Si vous choisissez d'ignorer les informations que votre première perte de trading peut fournir, vous courez le risque d'épuiser une partie significative de votre capital de trading disponible. Si votre hypothèse de trade est totalement erronée, vous courez le risque de subir une perte totale si vous choisissez d'ignorer les informations fournies par votre première perte et de continuer à trader.

Si vous êtes capable de vous dire en toute honnêteté : "Peu m'importe ce qui se passe sur un seul trade", vous êtes beaucoup plus proche d'obtenir la vraie réponse à la question "Qu'est-ce qui a causé la perte ?", car la seule chose qui cause une perte est d'être du mauvais côté de l'afflux d'ordres. Si vous êtes capable de vous dire : "Peu m'importe ce qui se passe sur un seul trade", vous êtes beaucoup plus proche d'obtenir la vraie réponse. Si vous êtes capable de mettre de côté toutes vos recherches et analyses, ainsi que le malaise physique et mental causé par un débit de trésorerie sur votre compte ou la frustration émotionnelle, alors vous serez probablement en mesure de regarder objectivement le marché et de trouver les indices de sa structure réelle à ce moment-là. Passer du bon côté de l'afflux d'ordres peut impliquer d'initier un autre trade du même côté au même prix, mais cela pourrait aussi signifier quelque chose de complètement différent. Vous pourriez être assez proche du retournement pour le prochain mouvement significatif, mais il y a une chance que vous ne le voyiez pas du tout si vous refusez d'accepter la leçon que la première défaite essaie de vous enseigner : "Pas encore".

Cette directive a le potentiel d'être un instrument très utile pour votre succès à long terme. Bien que cela puisse sembler contradictoire de dire que vous avez subi une perte pour toutes les bonnes raisons, la psychologie sous-jacente de cette règle pourrait vraiment vous être d'une grande utilité. Une perte indique seulement que vous pourriez faire votre prédiction trop tôt. C'est un défi vraiment souhaitable à relever. En dernière analyse, pour réussir à exploiter une disparité réelle sur le marché, vous devrez démontrer un certain degré de clairvoyance. La capacité à avoir ce genre de clairvoyance est une capacité qui peut être cultivée. Une fois que vous avez atteint un certain niveau de cette clairvoyance, la prochaine compétence que vous devrez cultiver est la capacité de chronométrer vos trades de manière à ce qu'ils se produisent suffisamment près du point où le véritable changement dans l'afflux d'ordres a lieu. Peu importe à quel point vous développez individuellement cette expertise ou comment vous construisez et maintenez personnellement votre avantage, il y aura des occasions où vous vous retrouverez en avance sur votre planning. Supposons que vous rencontrerez ce problème, et adoptez l'attitude que votre toute première défaite est une opportunité de vous prouver.

Maintenez une totale détachement par

rapport au résultat, faites-en une priorité de comprendre l'afflux d'ordres, et laissez votre première défaite vous enseigner quelque chose sur la manière dont vous en êtes arrivé là. Ne luttez pas contre le marché ; il gagne toujours. Faites attention à ce qu'il a à dire. Soyez ouvert à l'idée que votre théorie peut être complètement erronée pour le moment, et soyez prêt à accepter cette possibilité.

Chapitre Cinq

Analyse Technique Malgré le fait qu'il serait bénéfique de se plonger directement dans la maîtrise de l'analyse technique, il est toujours judicieux d'avoir une compréhension générale du sujet. Lorsque les experts financiers parviennent à une conclusion sur un investissement, ils tiennent souvent compte de données de base telles que l'état de l'économie, le climat politique et les tendances démographiques. Ils se tournent vers le passé pour faire des prédictions sur ce qui pourrait se produire à l'avenir. Cela ne signifie pas qu'ils visitent un oracle mystique ; cela indique plutôt qu'ils s'engagent dans une analyse technique du marché. Ce domaine dépend de l'accès à de grandes quantités d'informations sur les prix précises et à jour du passé, facilement accessibles aux systèmes informatiques qu'ils utilisent. Bien qu'elle s'appuie largement sur l'observation de la nature humaine, l'analyse technique n'est pas la même que le domaine académique de la psychologie. Les mouvements de prix reflètent la manière dont les investisseurs et les spéculateurs réagissent de la même manière aux mêmes types d'événements encore et encore, et ce fait est représenté dans l'action des prix. Des modèles dans les mouvements de prix peuvent émerger au fil du temps si l'on suit ce comportement sur cette période. Certains de ces modèles font partie de l'approche technique conventionnelle acceptée par l'industrie, tandis que d'autres sont des créations originales des analystes eux-mêmes, basées sur leurs propres observations et modèles mathématiques. Pour chacun de ces objectifs, tester des hypothèses et affiner leurs paramètres nécessite l'utilisation de données historiques. Lorsque les traders de devises, par exemple, décident d'acheter ou non du yen, ils peuvent examiner un graphique des prix du yen au cours de l'année précédente pour décider si la récente hausse a pris fin. Cela les aide à évaluer s'il est opportun ou non d'acquérir du yen. Comme il est représenté graphiquement, il peut être étudié très rapidement. En étendant la couverture du graphique pour inclure plusieurs années supplémentaires, ils peuvent facilement localiser davantage d'exemples de hausse rapide du yen et déterminer ce qui s'est produit peu de temps après.

Le Passé se Répète. Les motifs de prix basés sur l'analyse technique sont souvent suivis de réponses de même nature. Par exemple, si les prix augmentaient puis commençaient à évoluer dans une petite fourchette, les caractéristiques (forme et taille) de la fourchette peuvent être utilisées pour déterminer dans quelle mesure le marché se déplacera une fois que le motif aura pris fin. Cela est possible car la forme de la fourchette indique dans quelle mesure le marché se déplacera une fois que le motif aura pris fin. Il ne s'agit pas seulement d'une hypothèse ; c'est plutôt une condition (réponse humaine) qui a une probabilité très élevée de se produire en fonction du fait que des milliers d'événements avec un motif similaire se sont produits dans le passé. Plus un investisseur a accès à des données historiques, plus il peut faire d'observations historiques, ce qui augmente à son tour la probabilité que l'investisseur fasse le choix approprié d'acheter ou de vendre. En ce qui concerne la prise de décisions de ce genre, l'avantage le plus significatif de l'utilisation d'une base de données historique est qu'elle offre au trader ou à l'analyste une perspective. Jusqu'à ce qu'elle soit vue comme faisant partie d'un graphique plus large qui a chuté au cours des six derniers mois, un fort gain de prix sur une marchandise aujourd'hui peut être interprété comme un signe positif. Cependant, cette conclusion ne doit être tirée qu'après l'évaluation complète du graphique. Dans ce contexte, la récente hausse du prix d'une marchandise peut être mieux considérée comme une opportunité de la vendre plutôt que d'en acheter davantage. L'un des arguments les plus significatifs contre l'analyse technique est qu'elle est une sorte de prophétie auto-réalisatrice. Il semble juste qu'une bonne affaire soit faite pour ceux qui entrent tôt pour pouvoir porter un chapeau indiquant "faire de l'argent, pas de projections". Après avoir pris du recul pour examiner les bénéfices pendant une seconde, il est important de reconnaître que la critique est correcte dans certains cas. Un marché qui grimpe au-dessus du sommet d'un motif technique est considéré comme ayant rompu avec le motif et devrait être acheté selon l'une des significations du terme "rupture technique". Les spéculateurs qui échangent sur de courtes périodes et observent cet achat, ce qui entraîne une augmentation de la demande, font monter le marché. Cela fonctionne assez bien lors de la première rupture, car elle attire de nouveaux acheteurs sur le marché. Cependant, la hausse sera infructueuse à moins qu'il n'y ait d'autres éléments techniques qui soutiennent la hausse. Dans ce cas particulier, la prophétie ne sera pas réalisée. Pour qu'une hausse continue pendant une période prolongée, il doit y avoir une demande croissante ainsi qu'une participation croissante de la population générale (individuelle ou institutionnelle). Les vraies ruptures sont souvent précédées de changements dans l'état technique du marché sous-jacent, ont certaines caractéristiques de confirmation au moment de la rupture, puis sont suivies de signes techniques améliorés. Les hausses, les motifs graphiques et les ruptures peuvent tous être mesurés et suivis car les individus ont tendance à répéter leurs actes. Malgré le fait que cela affaiblit la théorie de la prophétie auto-réalisatrice, toutes ces choses peuvent être mesurées et suivies. Sur le marché financier d'aujourd'hui, un motif triangulaire se produit pour de nombreuses raisons similaires à celles qui ont été développées sur le marché financier du passé. Si nous observons une percée à ce moment-là, nous aurons probablement le même résultat. De la même manière que différents flocons de neige semblent tous identiques, l'histoire a tendance à se répéter. Ils semblent être les mêmes lorsqu'ils sont vus de loin. Cependant, lorsqu'ils sont examinés au microscope, les distinctions entre eux peuvent être vues plus clairement. Face à des conditions comparables, les acteurs du marché humain ont tendance à agir de manière cohérente les uns avec les autres. Par exemple, si une hausse arrive à son terme et qu'un motif triangulaire se développe sur les graphiques, à la fois les acheteurs et les vendeurs deviennent plus indécis quant à la marche à suivre. En attendant qu'une force extérieure déclenche le prochain mouvement, à la hausse ou à la baisse, ils achètent et vendent avec moins de conviction. Le fait qu'il existe au moins cinq versions distinctes de triangles nous révèle que ces stades d'incertitude croissante ne sont pas exactement les mêmes les uns que les autres. Quel sens cela a-t-il pour un jeune technicien aspirant ? En ce qui concerne gagner de l'argent sur le marché, la chose la plus importante à retenir est de respecter les directives fondamentales, mais nous devons aussi être suffisamment flexibles pour réagir rapidement lorsque les choses ne se passent pas comme prévu. Cela fournit un résumé concis des similitudes entre divers comportements du marché sans nous limiter à des définitions spécifiques. Face à des circonstances comparables, les gens ont tendance à se comporter de manière similaire. Nous sommes mieux lotis en les ayant faites. Cependant, il y a un flux constant de nouvelles personnes sur le marché qui n'ont pas encore acquis les connaissances nécessaires. Répétition, ainsi que rimes. Est-il vrai que deux flocons de neige ne sont jamais exactement les mêmes ? La foudre frappe-t-elle jamais deux fois ? Un marché haussier continue-t-il d'avancer au même rythme pendant la même période ? Mark Twain est crédité d'avoir observé : "Il a été démontré que l'histoire ne se répète pas. Mais elle rime." Malgré le fait que le marché d'aujourd'hui puisse présenter de nombreuses similitudes avec les marchés passés, il n'y a aucun moyen de savoir avec certitude absolue comment il se comportera à l'avenir. Il se peut qu'il monte, mais pas aussi rapidement. Soit il s'arrête pour se reposer dans une fourchette de négociation très calme, soit il s'arrête pour se reposer dans une fourchette de négociation plutôt tumultueuse. Lorsqu'il y a autant de facteurs qui pourraient influencer le marché, il est fort improbable que le fait d'avoir quatre-vingts ou quatre-vingt-dix pour cent de ces facteurs alignés fasse une différence dans le choix d'acheter, de vendre ou de conserver un investissement. Cela peut changer la direction ou l'ampleur de la hausse, mais cela n'aura pas d'incidence sur la décision d'acheter ou de vendre. La théorie de l'analyse technique du marché. La grande majorité des gens s'intéressent à comprendre comment fonctionne une automobile, principalement pour pouvoir se familiariser avec ses commandes et déterminer quand elle doit être entretenue. Le développement d'une théorie de marché techniquement solide nécessite un vaste travail, des années d'expérimentation minutieuse et de nombreuses années d'expérience pratique. À ce stade, il est comparable à l'automobile dans le sens où les fondamentaux doivent être expliqués. Atteindre le niveau d'expert nécessite plus de temps. La lecture de graphiques est une compétence importante pour nous en tant qu'investisseurs techniques. L'essentiel est de concevoir un graphique en termes psychologiques plutôt que visuels. En d'autres termes, le support est le niveau de prix auquel la férocité de la vente par les ours a diminué au point qu'elle peut être compensée par l'agressivité croissante de l'achat par les taureaux. Le niveau de résistance est le prix auquel l'achat agressif par les taureaux a ralenti au point qu'il peut être compensé par une vente plus agressive par les ours. Une introduction aux fondamentaux de l'analyse technique Les actions de la multitude se reflètent dans les motifs des graphiques. Parce qu'ils sont construits à partir de transactions réelles, ils reflètent efficacement la manière dont un groupe d'investisseurs, de traders, de spéculateurs et de couvertures a placé son argent là où leur bouche collective a été pendant le cours du temps. Les gens ont tendance à se leurrer en pensant qu'ils sont des penseurs indépendants et que la pensée rationnelle et logique l'emporte souvent dans la plupart des situations. Ils pourraient aussi avoir l'humilité de reconnaître que d'autres personnes ont des points de vue légitimes, certains pouvant même être supérieurs aux leurs. Lorsque les mêmes individus capables de pensée logique sont entourés d'une foule, ils ont tendance à suivre les normes de la foule. Même si l'analyse d'un individu est solide, il est troublant de s'accrocher à une position minoritaire en raison de la stigmatisation qui lui est associée. Lorsqu'on est membre d'un grand groupe, l'humilité est perdue car tout le monde dans le groupe commence à croire qu'ils (la foule) ont toujours raison. Il n'y a absolument aucune place pour des opinions opposées. Les faits qui contredisent le consensus général sont souvent ignorés. L'accident survenu en 1987 a été présenté comme un exemple dans la section précédente. La demande croissante d'achats d'actions a entraîné une hausse des cours du marché. Même s'il y avait des preuves croissantes qu'une catastrophe était imminente, la voix rare du désaccord était qualifiée de "catastrophiste".

Quand un marché atteint son point le plus bas, le même critère est vrai. Le public n'est conscient que des développements négatifs, et par conséquent, le marché continue de décliner. Les circonstances changeantes sont ignorées, tout comme elles l'ont été en 1982, même si le début du marché haussier le plus long de l'histoire était imminent.

Les analystes techniques sont équipés des outils nécessaires pour suivre les tendances changeantes. La conviction qui découle de la confiance en son propre analyse permet d'agir de manière indépendante, à l'encontre de la majorité, si cela devient nécessaire.

Mythes et Faits Contradictoires La prophétie auto-réalisatrice, baser l'action future des prix sur la performance passée et interpréter les feuilles de thé sont trois des mythes de l'analyse technique qui ont été discutés jusqu'à présent. Il y a une possibilité qu'une prophétie auto-réalisatrice se réalise. Lorsqu'un prix d'action de stock s'envole à la hausse à partir d'un modèle graphique existant, de nouveaux acheteurs sont attirés par l'action. Ils font monter le prix, ce qui, à son tour, attire plus de clients qui veulent acheter.

Le problème avec cette explication est qu'elle combine involontairement une analyse à court terme avec une analyse à long terme ainsi qu'une action ponctuelle (la percée) dans un seul récit. Si les traders à court terme avaient utilisé une analyse à court terme, ils auraient su qu'il fallait acheter avant la percée. L'analyse à long terme le corroborerait avec un élan accru (les prix augmentent de manière décisive) et un volume plus important si les circonstances techniques continuent de se renforcer après la percée. Cela serait le cas si la percée était réussie (plus d'actions changent de mains, suggérant une participation plus large du public). Les changements dans les faits de base finiraient par descendre jusqu'à tous les investisseurs, ce qui entraînerait une amélioration du sentiment des investisseurs.

La question de la performance passée est également l'un des sujets favoris des examinateurs. Comment les résultats passés peuvent-ils être utilisés pour prédire l'avenir ? Selon l'hypothèse de la "marche aléatoire" des marchés, si les fluctuations de prix sont imprévisibles, il n'y a aucun moyen de les prévoir. Cependant, les prix ne sont pas déterminés au hasard. Les prix sont déterminés en calculant la valeur, puis en l'ajustant à la hausse ou à la baisse en fonction de la manière dont les humains perçoivent cette valeur. La valeur calculée change de manière prévisible en fonction de l'économie et de l'entreprise spécifique. La manière dont la valeur est perçue peut également changer de manière prévisible.

Il est impossible de prédire comment les perspectives des gens vont changer, mais de tels changements peuvent être quantifiés en examinant comment les acheteurs et les vendeurs interagissent actuellement avec le marché. Les achats et les ventes laissent des empreintes mesurables sur les graphiques, et comme les humains ont tendance à se comporter de manière similaire lorsqu'ils sont confrontés à des circonstances similaires, il est possible de prévoir ce que fera le marché, en tant que somme de tous les humains qui y participent, ensuite. Les achats et les ventes laissent des empreintes mesurables sur les graphiques.

La performance des actions dans le passé ne peut pas être considérée comme un indicateur fiable de leur comportement futur. Au contraire, l'offre et la demande sont déterminées par la nature et la portée de la transaction qui a lieu actuellement, ainsi que par la connaissance éprouvée de ce que les individus ont fait en réponse à des situations analogues à celles du passé. Cela permet des projections précises des prix futurs.

Les Éléments Fondamentaux de l'Analyse Technique Les principaux composants de l'analyse technique que les analystes peuvent quantifier objectivement et inclure dans les stratégies de trading sont les suivants : Parmi eux, on peut citer :

- Le Prix.
- Le Volume.
- Le Temps.
- Le Sentiment.

Le prix est le plus essentiel de ces nombreux aspects ; les variations de prix entre les achats et les ventes sont la façon dont nous évaluons les profits et les pertes. Il reçoit à juste titre la plus grande emphase tant des analystes que des universitaires, mais si les quatre peuvent être utilisés ensemble, la probabilité de prendre des décisions fructueuses peut être significativement augmentée.

Le terme "volume" englobe plusieurs idées et mesures différentes, y compris "accumulation et distribution", "largeur de marché", "intérêt ouvert", et "nombre de transactions". Lorsqu'on regarde la durée, les cycles, la saisonnalité et les liens entre les modèles et les tendances sont tous inclus sous le terme générique "temps". Enfin, le sentiment est une zone plus subjective qui vise à déterminer purement si les masses, c'est-à-dire le consensus des investisseurs, penchent trop d'un côté. C'est la dernière étape du processus. À ce moment-là, il est dans votre intérêt de penser à vous placer à contre-courant. Les indicateurs tels que les conversations entendues lors de cocktails et les primes accordées aux options jouent également un rôle ici.

Qu'est-ce que "l'Analyse Technique"

implique vraiment ? Cette approche de la recherche de marché a été affublée d'un tel nom — technique — et cela est complètement injustifié. Elle nécessite à peu près le même niveau de compétence technique que le chant. La conception de cartes de circuits électroniques est un processus très difficile. Il faut beaucoup de connaissances techniques pour créer un tout nouvel appareil implantable biomédical. L'analyse du marché n'est en rien comparable à cela.

Il est vrai qu'il y a des termes spécialisés et des recherches laborieuses. La modélisation mathématique peut également jouer un rôle, mais lorsque tous les composants de niveau avancé sont éliminés, tout ce qui reste est un outil que les traders et les investisseurs utilisent pour déterminer s'ils doivent acheter ou vendre une action, une obligation, une devise ou une matière première.

Le travail d'un menuisier est un bon exemple à considérer dans ce contexte. Les techniciens de marché ont toujours une boîte à outils technique sur eux, qui est remplie de diverses recherches, tendances et classifications du marché. Le clou n'est pas enfoncé avec un tournevis, mais plutôt avec un marteau par le menuisier. Au lieu d'utiliser une régression linéaire, l'analyste technique peut utiliser un indicateur de momentum pour déterminer si le marché est en bonne santé. Ces deux outils sont utiles, mais chacun excelle dans certaines situations.

Les analystes techniques n'anticipent même pas d'avoir raison à 100% du temps dans leurs jugements et recommandations. Un taux de réussite de soixante pour cent, à condition de faire preuve d'une gestion financière adéquate et de maîtriser son ego, placera un individu en tête de classe. Un chirurgien ou une personne travaillant dans une tour de contrôle d'aéroport devrait avoir un taux de réussite légèrement supérieur à la moyenne. La perfection nécessite une compétence technique. L'analyse du marché n'en a pas besoin.

Comment donc l'analyse musicale est-elle comparable au chant ? Tout d'abord, c'est quelque chose que tout le monde peut faire. La plupart des gens ne sont peut-être pas très doués pour cela, donc ils ne donneront pas de concerts pour la Reine. D'autres, avec la bonne instruction, la pratique et la motivation, seront capables de comprendre les bases et de faire briller leurs portfolios.

Le chant peut certainement être décomposé en ses composants physiologiques, tels que la respiration, la posture et le contrôle de la gorge. La dominance du cerveau droit et peut-être la compétence musicale intrinsèque sont deux explications que les psychologues peuvent fournir. La grande majorité des chanteurs, à l'exception de ceux qui se produisent au plus haut niveau professionnel, n'étudient pas ces composants. Au lieu de cela, ils ont une compréhension fondamentale du chant et chantent pour le plaisir. En lisant ce livre et en acquérant des connaissances sur l'analyse de marché, vous devriez avoir l'impression que c'est le cas. Parce que vous ne visez pas à devenir un trader technique de premier plan à ce stade de votre carrière d'investissement, vous n'avez pas besoin de connaître toutes les recherches menées ou toutes les stratégies utilisées par les meilleurs traders techniques. Lorsque vous commencez à voir des améliorations dans vos performances, vous pouvez commencer à vous amuser. Il se peut que vous deveniez obsédé par les graphiques et que vous décidiez que votre principale domaine d'études devrait être l'analyse technique. Peut-être pas. On ne peut pas se réveiller un jour et se mettre à chanter comme Frank Sinatra si on n'a fait que du karaoké auparavant.

Un surnom peu descriptif a été donné au domaine de l'analyse technique. Le terme "analyse technique" ne doit pas être confondu avec des domaines "techniques" tels que l'électronique ; il fait plutôt référence à un processus diagnostique. Composants. La compétence de reconnaître les moments de retournement du marché à un stade raisonnablement précoce est appelée analyse technique, et c'est une spécialité dans le domaine financier. L'objectif de la plupart des traders, à

145

l'exception des plus agressifs, est de suivre la majorité de la tendance aussi longtemps que possible sans tenter de repérer les sommets et les creux précis du marché.

Le Graphique. Le graphique est l'élément fondamental du processus d'analyse technique. Selon la profondeur de l'étude, le graphique enregistrera toutes les données pertinentes et les présentera de manière logique. Comment le marché en est arrivé à un moment donné est l'information la plus essentielle qui puisse en découler, parmi toutes les autres informations qui peuvent en découler. La manière dont il est passé du prix A au prix B au fil du temps en dit long sur l'offre et la demande, l'attitude des investisseurs et le potentiel de prix précédemment non réalisé. Imaginez un marché qui a été négocié à l'intérieur d'une fourchette de prix relativement étroite au cours des nombreux derniers mois. Il n'y a pas eu beaucoup d'informations nouvelles ou d'activité de trading, et le trading a été assez lent. En résumé, le marché est ennuyeux. Très peu de personnes ont envie de le suivre. Un jour, le volume de transactions double soudainement. En raison du faible volume considéré comme typique, cette augmentation est largement ignorée par le grand public ; cependant, les individus qui ont effectué des achats ce jour-là savaient que quelque chose se passait. Tout ce qu'ils savaient peut-être, c'est qu'ils pensaient comprendre quelque chose, mais le résultat final est le même : le volume a doublé. La demande augmente, quelle que soit la raison. Le marché commence à grimper après avoir rompu sa fourchette de prix, ce que les experts du marché appellent une base ou un modèle de base. Généralement, la bonne nouvelle qui a déclenché cette percée est révélée au public, et la hausse commence peu de temps après.

S'agit-il d'une connaissance tenue secrète ? Non, ce n'est pas le cas. Gardez à l'esprit que le flux d'informations n'est pas toujours continu. Quelqu'un en avait soit connaissance à l'avance, soit était prêt à prendre le risque que ce soit correct. Si tous les individus avaient accès aux mêmes connaissances en même temps, il n'y aurait pas de marché haussier ou baissier. Il suffirait d'un instant pour que les prix passent d'un niveau d'équilibre à un autre. Pour déterminer si un marché est dans les premières, moyennes ou dernières phases d'une tendance, l'analyse technique tente de déterminer où il en est dans le processus de distribution d'informations et où le marché se trouve actuellement.

Les Membres de la Distribution. Des indicateurs mesurant l'élan du marché (la rapidité avec laquelle le marché se déplace), le volume des transactions (la force derrière les changements) et même l'ordre naturel du comportement de la foule peuvent être ajoutés au graphique de base. Cela permet une analyse plus précise du marché (sentiment). Par exemple, une analyse technique approfondie d'une entreprise peut également inclure une évaluation technique de données fondamentales telles que les bénéfices et les dividendes. Lorsque nous affirmons que l'entreprise XYZ a augmenté son dividende au cours des 20 derniers trimestres consécutifs, nous disons que la tendance des dividendes augmente à un rythme constant. Si un graphique des bénéfices montre une pente constamment ascendante, il est probable que les prix des actions suivront bientôt cette tendance.

Dans ce livre, il y aura un minimum de discussion consacrée à diverses recherches. Il n'est pas destiné à enseigner un ensemble complet d'outils techniques ; il est plutôt conçu pour améliorer vos capacités de prise de décision. Il existe de nombreuses littératures spécialisées utiles que vous pouvez consulter pour obtenir de l'aide dans cette entreprise.

Qu'est-ce que le marché exactement ? Le marché des actions, des obligations, des matières premières ou du change est constitué d'acheteurs et de vendeurs, tout comme les étudiants l'apprennent dans des cours d'introduction à la discipline économique. Le niveau d'offre et de demande sur le marché est ce qui fixe le prix auquel ils échangent. Les étapes du processus sont décomposées encore plus dans la liste suivante. Comme on peut le voir, les opinions des

individus qui participent à un marché
sont le facteur principal qui le fait
évoluer.

- Les participants au marché
  comprennent des acheteurs et
  des vendeurs.
- L'offre et la demande sont les
  principaux facteurs qui influent
  sur le prix.
- Le niveau d'agressivité montré
  par les taureaux et les ours sur le
  marché est ce qui détermine
  finalement l'offre et la demande.
- La valeur est perçue
  différemment par différentes
  personnes, ce qui peut entraîner
  un comportement à la hausse ou
  à la baisse.

Il convient de noter que le montant réel
n'est pas inclus dans la liste. Ce que
devrait valoir un marché selon des
modèles mathématiques et
économiques n'est pas l'élément décisif
dans les prix affichés dans les tableaux
qui paraissent dans le journal du matin.
Le rôle de l'analyse technique est de
suivre les écarts qui se produisent entre
la prédiction et la valeur réellement

vécue.

Le Troupeau. Un composant essentiel de l'analyse technique est l'étude de la psychologie des grands groupes de personnes, communément appelée "mentalité de troupeau". Pourquoi les gens font-ils cela ? Les investisseurs et les traders restent néanmoins des êtres humains malgré leur profession. Comme leurs homologues animaux, les humains ont un fort besoin d'être acceptés, et pour se sentir psychologiquement en sécurité, ils suivront le troupeau. En poursuivant sur le thème des animaux, imaginons qu'un troupeau de zèbres en Afrique remarque un danger potentiel posé par une troupe de lions dans la région. Le troupeau commence à avancer. Tous les zèbres restent groupés afin que les lions ne voient qu'un mélange chaotique de rayures blanches et noires. Cela semble être un schéma continu. Tant que le troupeau avance, les individus zèbres penseront être en sécurité car ils suivront le mouvement. L'un des dictons les plus connus dans le domaine financier est "la tendance est votre amie", et vous pouvez le considérer comme la version zoologique de ce dicton.

Imaginez un instant que le troupeau soit tellement absorbé par l'action de courir qu'il oublie de regarder devant lui l'environnement changeant. Un grand gouffre peut être vu devant. Ici, dans la conclusion, la tendance n'est plus votre amie, donc le zèbre individuel doit chercher un moyen de se détacher du troupeau pour échapper à une mort certaine. Aller à contre-courant et se démarquer du troupeau est une entreprise solitaire, que l'on soit zèbre ou investisseur. Le zèbre doit réfléchir à savoir si le lion est toujours dans la région. L'investisseur individuel doit évaluer l'anxiété psychologique qui accompagne le fait de s'opposer à la foule par rapport à l'anxiété financière qui accompagne le fait de rester avec le troupeau après la fin de la hausse.

Qu'est-ce que le marché exactement ? C'est l'agrégat des comportements et des perspectives de tous les participants à l'activité. C'est semblable à des millions de cellules nerveuses dans le cerveau qui s'animent en même temps, ce qui aboutit au développement de sa propre conscience. Comme aucune cellule dans un corps vivant n'est plus vitale que l'organisme dans son ensemble, il est impératif que nous, en tant que cellules individuelles, gardions à l'esprit nos rôles appropriés. Il n'y a aucune façon pour le marché d'avoir tort.

Chapitre Six

Graphiques Il y a des graphiques partout où l'on regarde. Nous les utilisons pour suivre le développement de nos enfants, pour déterminer comment nous nous catégorisons démographiquement et pour savoir quel temps il fera au cours des cinq prochains jours. Les graphiques sont utilisés chaque fois qu'il est nécessaire d'illustrer comment quelque chose évolue dans le temps ou comment il peut être décomposé en ses composants. En matière d'investissements, il est courant d'enregistrer la progression des prix dans le temps. Ce graphique fondamental est le point de départ de l'analyse technique. Une image vaut mille mots, comme le dit le vieil adage. Pour comprendre où vont les prix, il faut d'abord comprendre d'où ils viennent. C'est l'hypothèse fondamentale qui sous-tend la pratique de l'analyse technique. Lire le téléscripteur était la seule option disponible au début du trading boursier, car c'était le seul moyen de savoir où les prix en étaient.

Un nombre relativement restreint de personnes pouvait voir l'enregistrement. La grande majorité d'entre nous ne travaille pas sur le parquet de la Bourse ; par conséquent, les ordinateurs lisent le téléscripteur et transmettent les prix aux écrans domestiques et aux journaux. Néanmoins, même obtenir une compréhension générale du marché à partir de ces estimations est assez difficile. La recherche d'investissements devient plus difficile à mesure que l'on surveille davantage d'actions (ou d'autres classes d'actifs telles que les fonds communs de placement, les obligations ou les contrats à terme). La mémoire ne peut retenir qu'une certaine quantité de données et de connaissances à la fois. Passons au graphique. Il est possible de savoir en un coup d'œil non seulement quel est le prix actuel de l'action, mais aussi comment il en est arrivé là en cartographiant quotidiennement les cours de clôture des actions ou d'autres instruments sur papier (ou sur l'écran d'un ordinateur). Il est vrai que MicroGiant se négocie actuellement à

65,50 $, soit un gain de 1/2 point, mais était-ce 60 $ ou 70 $ il y a une semaine ? Les graphiques condensent toutes les données en un seul endroit, ce qui permet de visualiser les informations visuellement chaque fois que cela est nécessaire. Que se passe-t-il réellement en coulisses pour créer les graphiques ? Les motifs qui apparaissent sur les graphiques ne sont pas le résultat d'un processus de génération aléatoire. Les motifs que nous voyons se forment lorsque de vraies personnes, agissant dans leurs propres intérêts individuels, achètent et vendent des actions, des obligations, des devises ou des matières premières dans le but de réaliser des gains financiers. Bien qu'il soit certainement vrai que les ordinateurs peuvent générer de telles formes et ondulations, les motifs que nous voyons se forment lorsque les ordinateurs les génèrent. Ils effectuent une action, cette action est enregistrée, et les motifs que nous voyons sont le résultat des performances agrégées de tous les participants. Point final. Il n'y a pas de complot, et il n'y a pas non plus de hasard. Lorsqu'une nouvelle information est introduite sur le marché, telle qu'une prochaine sortie de nouveau produit ou des conditions météorologiques susceptibles de nuire aux cultures, certains acteurs agiront rapidement et vigoureusement. D'autres agiront rapidement mais avec une extrême prudence. D'autres encore ne prendront aucune mesure. Ce sont les personnes qui ont accès aux nouvelles en premier, mais tout le monde n'aura pas la même chance. Les gens reçoivent et traitent l'information à des vitesses variables alors qu'elle circule sur le marché. Cela se produit simultanément avec la diffusion de l'information. Le comportement agrégé de toutes ces catégories distinctes de personnes laisse des traces et des chemins distincts, qui ont tendance à se ressembler lorsque les conditions applicables sont les mêmes. En d'autres termes, les probabilités sont en faveur de suivre le chemin "B" lorsque le motif "A" émerge. Il n'y a pas de garanties, mais dans le domaine des investissements, même un léger avantage, tel qu'une augmentation de la probabilité, peut se traduire par des transactions rentables. Indécision et Harmonisation des Besoins La peur et la cupidité sont les forces motrices derrière les tendances du marché, tant dans les marchés haussiers que dans les marchés baissiers ; cependant, bien que le cours des prix puisse sinueusement changer dans un nombre infini de motifs, les causes de chaque tendance sont les mêmes. Le concept d'offre et de demande est une autre façon de le dire ; cependant, cela n'est qu'une dérivation du raisonnement fondamental derrière la façon dont les investisseurs se comportent. Par exemple, après la fin d'une hausse, la demande est épuisée car de nombreuses personnes ont déjà effectué des achats. Au moins certaines peuvent chercher à vendre pour verrouiller leurs gains, ce qui entraînera une augmentation de l'offre. Lorsque les deux sont combinés, il est impossible que les prix ne se stabilisent pas au moins, voire ne baissent vraiment. Cependant, à un moment donné, le niveau de cupidité des gens pour gagner de l'argent et leur peur d'en perdre jouent tous deux un rôle dans le fait que la demande augmente ou que l'offre diminue, entraînant des prix plus élevés qu'auparavant. L'ampleur de la baisse a une corrélation directe avec le niveau d'activité que les taureaux et les ours mettent dans leurs poursuites respectives, et elle offre un chemin à suivre pour l'analyste technique. Il y a des moments où les indices ne sont pas très évidents, et d'autres où ils le sont ; cependant, ils peuvent tous être suivis et mis en correspondance avec d'autres motifs qui se sont produits auparavant. Une fois que les motifs sont identifiés, les investisseurs peuvent planifier à l'avance pour suivre les itinéraires habituels qui leur sont propres une fois que ces motifs cessent. Selon les analystes, il s'agit soit d'une percée, soit d'une rupture. Nous pourrions appeler cela un changement radical dans le sentiment des investisseurs, qui sont passés de l'incertitude quant à la direction que prendra le marché à la certitude et à l'action. Emprunter le Chemin de Moindre Résistance Le domaine de la recherche connu sous le nom de finance comportementale gagne en popularité et vise à comprendre les raisons des actions des investisseurs. Par exemple, l'investisseur typique préférerait verrouiller un petit bénéfice plutôt que de courir le risque de le voir s'évaporer tout en laissant une petite perte se transformer en une perte significative, comme de nombreux investisseurs l'ont fait pendant la bulle Internet de la fin des années 1990. Les personnes rationnelles ont laissé leurs investissements perdre 99 pour cent de leur valeur parce qu'elles pensaient que "ce n'est pas une perte tant que vous ne le vendez pas". Bien sûr, c'est une affirmation ridicule à faire. Elle va aussi à l'encontre de l'un des conseils les plus connus dans le monde de la finance, qui est de "couper vos pertes et de laisser vos profits courir". Après tout, quel investisseur sensé continuerait à subir des pertes tout en vendant simultanément des gagnants ? Bien sûr que non, mais ce n'est pas ainsi que les choses fonctionnent dans le monde réel. Les psychologues vous diront que remettre en question la sagesse conventionnelle est difficile et ils vous le feront remarquer. Ce qu'une personne fait dans une certaine situation n'est pas toujours exactement l'opposé de ce qu'elle fait lorsqu'elle fait partie d'un groupe plus important de personnes. De la même manière que les proies sur les plaines africaines cherchent la sécurité en groupe, les investisseurs les persuaderont de croire à la foule lorsqu'ils en auront l'occasion. L'influence du troupeau. Les investisseurs se comportent de manière assez similaire à un troupeau. C'est simple et sans danger en même temps. C'est particulièrement risqué car les foules remarquent rarement la fin des tendances du marché lorsqu'elles se produisent, et elles extrapolent les tendances et les profits actuels dans le futur à un moment où la tendance change vraiment. Cela rend très difficile de tirer profit du comportement de la foule. On prévoyait que la bourse continuerait à afficher des gains de 20 pour cent chaque année dans le futur tout au long de la fin des années 1990 ; cependant, un simple coup d'œil sur l'année 2000 révèle que ce scénario ne s'est pas exactement déroulé comme prévu. Les fondamentaux de l'activité commerciale d'une entreprise sont souvent médiocres lorsque commence une tendance à la hausse des cours de l'action. Selon le rapport du trimestre précédent, les bénéfices étaient plutôt faibles. Le sentiment sur le marché est plutôt négatif, et très peu de personnes ont un réel intérêt pour le marché. Et tout cela se passe alors que les cours des actions commencent à augmenter.

L'ambiance parmi les investisseurs est empreinte de scepticisme, et la population en général, parfois appelée le troupeau, n'achète pas. Lorsque la première baisse se produit, éventuellement, les médias seront probablement envahis par des analystes dont le mantra est "Je vous l'avais bien dit", et ils le répéteront souvent. Ils peuvent ajouter que les prix ont augmenté pour une raison "technique", mais ils ignorent probablement qu'il y avait des raisons techniques bien avant le véritable creux du marché. Cependant, nous allons un peu trop vite ici et ne devrions pas faire plus d'hypothèses. Ensuite, les prix des actions commencent à grimper à nouveau, et, ô surprise, les fondamentaux sous-jacents commencent à s'améliorer. Tout le monde, des experts de Wall Street aux investisseurs privés, est maintenant heureux du marché, et pendant cette période du marché, tout le monde a raison. C'est maintenant le moment pour les masses de se joindre à la fête, et tout le monde est enfin excité par le marché. Tout le monde participe au succès du troupeau, et par conséquent, tout le monde gagne de l'argent. Mais après cela, le marché stagne et commence à décliner. Ils vous rassurent en disant : "Ne vous inquiétez pas ; c'est juste une correction." Ils ont raison à ce sujet également. Les personnes qui n'ont pas pu assister à la démonstration ont maintenant l'occasion de le faire, les profits sont comptabilisés, et les circonstances qui devenaient insupportables sont quelque peu atténuées. Finalement, un creux se forme sur le marché à la suite d'une augmentation des achats et d'une diminution des ventes, puis le marché entame sa marche ascendante. Les fondamentaux sous-jacents continuent de sembler solides, mais contrairement à la dernière partie de la hausse, les aspects techniques commencent progressivement à se détériorer. Les analystes techniques utilisent quelque chose appelé les indicateurs de momentum pour déterminer si la vitesse du rallye est plus rapide qu'auparavant. Il est possible que le pouvoir d'achat des consommateurs ait diminué de grandes quantités, ce qui pourrait faire en sorte que les taureaux aient moins d'essence à leur disposition. Les analystes utilisent le volume comme outil de mesure pour cela. Les institutions peuvent commencer à se concentrer sur une liste de noms de plus en plus restreinte comme moyen d'apaiser les investisseurs avides pendant la frénésie des actions à mouvement rapide pour satisfaire les investisseurs avides. Par conséquent, les institutions peuvent délaisser les gagnants stables au profit des actions à "momentum go-go" du jour. Cela a du sens étant donné que les institutions doivent surpasser leurs indices de référence respectifs, et la seule façon de le faire est d'investir dans des actions qui bougent rapidement. Wall Street rencontre des problèmes pour la même raison que Main Street lorsque l'on pense uniquement à court terme, mais pendant cette partie du marché haussier, penser à court terme est la norme plutôt que l'exception. Les indicateurs de largeur et de profondeur, tels que la ligne avancée-déclin, sont les outils que les analystes techniques utilisent pour mesurer cela. Cet indicateur atteint souvent son point culminant bien avant un sommet significatif dans les indices. Le marché devient de plus en plus concentré à mesure que les indices continuent de monter tandis que l'action moyenne continue de décliner. Pourtant, les fondamentaux sont solides et les gens gagnent de l'argent, donc l'ambiance est généralement optimiste partout, du conseil d'administration au club de cocktails, et le sujet de conversation porte sur la prochaine société qui fera sensation en bourse. Bien que les analystes techniques ne puissent pas évaluer directement l'humeur de cette manière, il existe des approches alternatives pour faire de même. Les comportements des acteurs du marché montrent qu'ils ont complètement ignoré la possibilité que le marché ne rebondisse même pas, sans parler de s'effondrer. Cela se reflète sur le marché. Ils évitent les techniques qui offrent une protection contre les pertes et les couvertures, comme le maintien d'une somme d'argent raisonnable à portée de main, ainsi que les options, qui offrent une protection contre les baisses. Ces deux éléments peuvent être mesurés en utilisant les niveaux de trésorerie déclarés dans les fonds communs de placement et les indices de volatilité de la Bourse de Chicago, respectivement. Il existe également un instrument de mesure hybride qui est utilisé, et il est simplement appelé l'indicateur de couverture de magazine. Cet outil est attribué à Paul Montgomery Macrae. Lorsque des rapports sur le marché, qu'ils soient positifs ou négatifs, figurent en couverture ou en tête des gros titres des principaux médias, alors la fin de cette tendance est affaire de semaines, selon la sagesse conventionnelle. Pourquoi ? Les médias fournissent régulièrement à leurs lecteurs et auditeurs du contenu qui répond à leurs intérêts. Lorsqu'ils publient un article qui promeut l'euphorie du marché boursier, c'est parce qu'ils pensent que cela excitera le lecteur ou le spectateur, et ils pensent que cela ne peut se produire que lorsque les individus sont déjà pleinement impliqués sur le marché et prêts à prendre des risques excessifs. En d'autres termes, le ton est trop optimiste, et il est inévitable que nous atteindrons bientôt la destination. Qui va acheter maintenant que tout le monde est déjà entré sur le marché ? Ou, pour le dire autrement, "d'où viendra la demande ?" en termes économiques. On considère cela comme une simple correction lorsque les cours des actions atteignent finalement leur sommet et que le marché commence ensuite à se déplacer dans l'autre sens. La majorité des investisseurs adoptent une position haussière, ce qui signifie que lorsque la phase de hausse suivante commence, il y aura à nouveau une attitude du type "Je vous l'avais bien dit", mais cette fois à des prix plus élevés. Cependant, cette fois-ci, la montée n'est pas aussi forte qu'auparavant, et tous les nouveaux acheteurs suivent le troupeau jusqu'au bord du précipice. Même si le troupeau a raison lorsque la tendance est en vigueur, il a souvent tort lorsque les tendances changent. Le marché connaît un déclin, les fondamentaux sous-jacents commencent finalement à se détériorer, et tout le cycle se répète, mais cette fois-ci dans une direction descendante. Cela continue jusqu'à ce que les fondamentaux sous-jacents semblent horribles, le sentiment est terrible, et l'action des prix est terrible. Lorsque cela se produit, les analystes techniques seront en mesure de reconnaître une amélioration. en termes d'envergure ! Les marchés sont capables de s'étendre. Le fait que des motifs similaires semblent se produire à toutes les échelles de temps, du rythme minute par minute du day trading aux changements d'une année sur l'autre recherchés par les investisseurs à long terme, est l'un des aspects les plus utiles des marchés. Les day traders se concentrent sur les changements minute par minute, tandis que les investisseurs à long terme se concentrent sur les changements d'une année sur l'autre. En d'autres termes, les observateurs de graphiques peuvent facilement appliquer les motifs et autres techniques qu'ils utilisent pour évaluer une échelle de temps à l'analyse d'une autre échelle de temps avec peu d'effort. De plus, ils peuvent être utilisés sur tous les marchés, des marchés boursiers aux marchés de devises, bien que chaque marché ait sa propre personnalité distincte qui doit être prise en compte. Par conséquent, même si nous retirons toutes les étiquettes d'un graphique et qu'il ne reste que le mouvement des prix, nous devrions quand même être en mesure de fournir au moins une analyse fondamentale de ce qui se passe. Encore une fois, il y a quelques différences entre différentes échelles de temps et entre différents marchés, mais les idées sur lesquelles reposent ces études restent les mêmes. En d'autres termes, les marchés ont tendance à se répliquer eux-mêmes sur une large gamme d'échelles. Les marchés ont été analysés comme des fractales parce que, même si les motifs ne sont pas toujours les mêmes, les structures fondamentales restent les mêmes. Imaginez une côte sur une carte du monde. Il est difficile de déterminer si une section de la carte représente un État, une ville ou une plage locale jusqu'à ce que la taille des continents soit atteinte. Les mêmes bords déchiquetés, qui semblent aléatoires, sont observés partout. Il en va de même pour les marchés sur différentes échelles de temps, c'est une autre raison pour laquelle les traders et les investisseurs bénéficieraient de connaître les motifs des graphiques et d'autres formes de recherche.

Conclusion

Ce que la plupart des gens croient être le trading n'est pas exact. Il est tentant de croire que la spéculation réussie est une question de fondamentaux économiques, d'influences politiques, d'offre et de demande, d'être au bon endroit au bon moment et d'un peu de prévoyance, le tout combiné en un seul facteur. Cependant, ce n'est pas le cas. La spéculation réussie est le résultat d'une combinaison de tous ces facteurs. Nous pouvons nous persuader que si nous consacrons suffisamment de temps et d'efforts à nos études, acquérons suffisamment de connaissances, restons fermes face à l'adversité et frappons au bon moment, nos récompenses nous attendront à la fin de nos travaux comme un trésor au bout de l'arc-en-ciel. La réalité du commerce, en revanche, est plus comparable au son des sirènes chantant au-dessus de l'océan, nous attirant vers un désastre inévitable si nous ne sommes pas vigilants. La prise de conscience que votre réussite ne dépend pas de facteurs situés en dehors de votre contrôle est, à mon avis, la conclusion la plus importante de ce livre, alors que vous élaborez votre stratégie de trading et recherchez un avantage. Votre capacité à réussir est en vous. Si vous avez été attentif à ce qui est dit mais non directement énoncé, vous avez probablement réalisé que chaque règle de trading est liée à chaque autre règle de trading à un certain niveau. Toutes ces règles réussies ont une psychologie qui se cache derrière la surface, et elle implique le détachement des résultats, l'acceptation du fait que tout est possible, et la conscience que la plupart des gens ne savent pas ce qu'ils font. Parce que nous opérons à partir d'un cadre de référence particulier afin de créer des opportunités à partir de l'apparente aléatoire de l'action des prix, tout ce qui est vraiment requis de notre part est de maintenir un niveau de vigilance qui nous permet de sortir des transactions lorsqu'elles vont à l'encontre de nous et de rester dans les transactions lorsqu'elles vont dans notre sens. Moins nous nous efforçons d'établir des jugements de valeur sur les prix, d'attendre du marché qu'il fasse une chose plutôt qu'une autre, ou de tenter de réparer ce qui n'est pas cassé, et plus rapidement nous sommes prêts à reconnaître que nous avons tort, plus le potentiel de bénéfices nets sera important. Lorsque vous considérez la psychologie sous-jacente de ce genre d'activité, vous ne pouvez pas vous empêcher de parvenir à la conclusion inévitable que nous avons une plus grande influence sur notre destin en tant que traders que sur le reste de nos vies. Quand nous le comprendrons, faire n'importe quel type de business sera absolument simple et exempt de lutte interne.

ACKNOWLEDGMENT

I take this opportunity to thank my research advisor, family, and friends for their support and guidance, without which this research would not have been possible.

Also, none of my achievements or this book would be possible without the Grace and Will of the Almighty God.